万葉集
ざんねんな
スタディサプリ古文・漢文講師
岡本梨奈
イラスト
雪路凹子
飛鳥新社

この本では、ただひたすらに「ざんねん」な和歌を紹介しています。
古文や和歌が好きな方にも満足していただけるよう、
原文を載せ、用語解説も充実させました。

なお、和歌の魅力を伝えるために、一部を誇張したり、
想像をふくらませたり、現代風に脚色したりしています。
また、諸説ある場合、特定の説を採用しています。

ざんねんな万葉集の世界へ、ようこそ!

はじめに

この本は、万葉集**「逆ベスト版」**です。
もし、美しくて素晴らしい歌を期待しているなら、
この本を読むのは**今すぐやめてください。**

二〇一九年四月に制定された新元号
「令和」の出典となったことで、
万葉集はあらためて注目を集めました。

ネタ元になったのは、
「初春の令月《れいげつ》にして、気淑《きよ》く風和《やわら》ぐ」という、
「梅花の歌三十二首」の序文の一部です。

万葉集といえば、
優雅で**爽やか**だというイメージが、
広く植え付けられた瞬間でした。

世間はお祝いムード。
本当のことは言い出しにくい……。
ですが、**言っちゃいます！**

実は万葉集、
ざんねんな歌がけっこうあるのです。

万葉集は日本最古の和歌集で、
歌の収録数は日本最多の**四五一六首！**
もはや、**集めすぎた**と言っても
過言ではありません。

ですから**微妙な歌**もたくさんあって、
カスな奴らが、
身勝手なイタい歌を
詠んでいたりするのです。

しかし、巻の万葉集本はどうしても、
美しくて素晴らしい歌ばかり取り上げがち。
長年無視され続けたざんねんな歌たちが、
かわいそうでなりません……。

そんなかわいそうな歌たちに、
スポットライトを当ててあげたい。
そんな思いで、この本をつくりました。

読んでいただければ、
人間の愛すべきダメさというのは、
一三〇〇年以上経っても変わらないことが

おわかりいただけるかと思います。

「このダメさ、わかるなぁ」

と思える歌も当然ありますが、

まったく共感できない歌もあるでしょう。

でも、そんな愛すべきダメ人間たちのことを、

「ふふっ」と笑って、肩の力が抜けて、

少しでも元気になってもらえたなら、

著者としてこれ以上嬉しいことはありません。

岡本梨奈

もくじ

4章 哀れな男

1章 カス男

愛しと
我か思ふ妹は
はやも死なぬか
生けりとも
我に寄るべしと
人の言はなくに

付き合って
くれないなら
死ね

俺、今めちゃくちゃ好きな子いるんですよ。でね、友達に「脈あるかな?」って聞いたんですよ。そしたら、みんな何て言ったと思う?

「やめとけ」「身の程を知れ」「ノーコメント」「それより俺と付き合わないか? ウホッ」

だって。ひどくない? マジがっかり。聞かなきゃよかった。

どうせ俺と付き合ってくれないなら、その子生きてても俺にメリットないよね。むしろ、その子が生きてるだけで俺辛いじゃん。そんなの嫌だって。

あーあ、さっさと死んでくれないかな? 死んでくれないなら、俺がこの手で……。

二三五五

作者未詳

和歌

愛《うるは》しと　我《あ》が思ふ妹《いも》は
はやも死なぬか
生《い》けりとも　我《あれ》に寄るべしと
人の言はなくに

原文

恵得　吾念妹者
早裳死耶
雖レ生　吾邇応レ依
人云名国

現代訳

美しいと　私が思う愛しいあの娘《こ》は　早く死なないかなあ
生きているとしても　「私になびくだろう」と
誰も言ってくれないので

用語

愛し：
美しい。

妹：
男性から親しい女性（妻・恋人・姉妹など）を呼ぶ語。

ぬか：
《上代語》「〜ないかなあ」と願望を表す。「〜も＋動詞未然形＋ぬか」の形が多い。

り：
存続の助動詞。

なくに：
ここでは「〜ないので・〜ない以上は」の意味。打消の助動詞「ず」のク語法「なく」＋助詞「に」。

完全な自己中男

奈良時代からストーカーはいた！

解説

のっけからこんな最悪な男の歌を紹介してしまい、ごめんなさい。こんな自己中極まりないサイテー男が、奈良時代からいたのです。「自分になびいてくれないなら死ね」とか、エグい、エグ過ぎです。こういう思考回路の人がストーカーと化してしまうのでしょう。

「ストーカー」という言葉は最近よく聞く言葉ですが、こういう気質の人間自体は昔からいる、ということです。「自分のものにならないなら殺す」とか理解不能なのですが、この詠み手のような輩《やから》がエスカレートした結果そうなってしまうのかな、とも感じます。

こんな和歌、全然優雅でもなんでもないですよね。こんな犯罪者思考の和歌が、御製《ぎょせい》（＝天皇が作った和歌）と同じように収録されている『万葉集』って、すごいと思いませんか？　普通だったら却下ですよ、こんなの。

でも、約一三〇〇年前の編集者が収録してくれたおかげで、「昔からいたんだ」とわかるわけですし、この歌を採用したセンスに感謝！　それが現存しており、同じ（といえば語弊がありますが）「日本語」で読めるなんて、奇跡のようなものだと思います。

かくばかり
恋《大好きな》ひつつあらずは
朝《きみに》に日に
妹が踏《踏まれたい》むらむ
土にあらましを

二六九三　作者未詳（男）

和歌

かくばかり　恋《こ》ひつつあらずは　朝に日《け》に　妹《いも》が踏むらむ　土にあらましを

原文

如是許　恋乍不レ有者　朝尓日尓　妹之将レ履　地尓有申尾

現代訳

こんなにも（無駄な）恋をし続けていないで
朝も昼も　愛しいあの娘《こ》が
踏んでいる　土になれたら
よかったのになあ

解説

この歌は、作者未詳の「相聞」で、季語がない歌を集めた巻（巻第十二）の中の一首です。よって、詳しい背景などは不明なのですが、歌から推測するに——とある男性が、ある娘さんに恋しました。その娘《こ》に自分の気持ちを伝えたのかどうかも、この歌からだけではわかりませんが「うまくいくような感じではない」のは確かです。

そんなある日、きっとその気持ちがあらぬ方向へプッツンと切れてしまいました。「踏まれるのでもいいから、あの娘に触れたい」という心の叫びの歌です。なんともドM具合がざんねんですが、踏まれることですら幸せと感じるなら、恋する気持ちは嘘ではないようですね。

ちなみに、私の学生時代のお調子者の知人に「好きな人の自転車のサドルになりたい」と豪語（ただの持ちネタ的な完全ギャグですが）していたヘンタイ男がいたな、と思い出す歌です。

用語

かくばかり：「こんなにも・これほど」（指示副詞「かく」〈こう・こんな・このように〉＋副助詞「ばかり」〈ぐらい・ほど〉）。　**つつ**：接続助詞「〜しては・し続けて」。　**ずは**：《上代語》「〜ないで・〜せずに」。　**妹**：男性から親しい女性（妻・恋人・姉妹など）を呼ぶ語。　**らむ**：現在推量の助動詞。　**あらまし**：事実に反して「仮にこうならよかったなあ」と希望する気持ち。　**を**：間投助詞。文末に用いると「感動・詠嘆」を表す。

相思はず
あるらむ君を
怪しくも
嘆き渡るか
人の問ふまで

めっちゃ嘆いてて
すみません
失恋しました

家持くぅぅぅん！　ボク、転勤になっちゃったよぉぉぉ！

あれ、あんまりショックって感じじゃないね？　正直、どうでもいいって思ってない？

ボクたち、あんなに仲良しだったのに。二人でキャッキャウフフするの、楽しかったのに。

この胸の痛み……まさか失恋？　きみは男で、ボクも男のはずなのに。でも、自分の気持ちにウソはつけない。

「あの……どうしてそんなに嘆いてるんですか？」

やべ、聞かれちゃった。こんだけ嘆いてりゃ、気になるよね。

言っていいかな？

きみのことが好きなんだって。

四〇七五

大伴宿禰池主《おおとものすくねいけぬし》

和歌

相《あひ》思はず　あるらむ
君を　怪しくも
嘆き渡るか
人の問ふまで

原文

安必意毛波受　安流良牟
伎美乎　安夜思苦毛
奈気伎和多流香
比登乃等布麻泥

現代訳

思ってくれない　というあなたを　おかしなほど
恋しく嘆き続けているなあ　周囲の人が見て不思議に思い
わけを聞いてくるほどに

用語

らむ：現在の伝聞・婉曲の助動詞「らむ」の連体形。

嘆き渡るか：「V＋渡る」は「Vし続ける」の意味。「か」は、ここでは詠嘆用法。

君と会えなくなって、僕は失意のドン底だよ

解説

一見片想いに苦しむ和歌ですよね。はたから見て不審なほど、ずっと恋し続けて嘆いている男。好きになってくれないとわかっているのに諦めきれない、という気持ちはわからなくもないですが……。ただし、想うのは自由ですが、相手に迷惑をかけることだけはやめてほしいですね。よりいっそう嫌われるだけなのは間違いないです。

ところで、この歌は、大伴池主という男が詠んだ歌です。池主が越中掾《じょう》という役職だったときに、大伴家持が越中守として赴任してきました。二人は歌の贈答を何度もしたり、酒宴をしたりするくらい、とっても仲良しになったのです。

ところが、池主は越前掾に転任することとなり、二人は離れ離れに。しかし、二人の友情は距離なんて関係ありませんでした。越前と越中に離れても手紙のやりとりは続いたようです。

そして、ある日の池主から家持への手紙に「手紙を書こうとしたけど心に痛みが…。乱文お許しを」とあり、歌が三首書かれていました。そのうちの一首がこの歌でした。……ん？　BL《ボーイズラブ》!?（ま、実はそう見せかけた冗談で、そういう関係ではございません。あしからず）。

西の市に
ただひとり出で
て目並べず
買ひてし絹の
商じこりかも

こいつ
イケメンな
だけだった

一二六四　作者未詳（女）

和歌

西の市《いち》に
ただひとり出《い》でて
目並べず
買ひてし絹《きぬ》の
商《あき》じこりかも

原文

西市尓
但独出而
眼不レ並
買師絹之
商自許里鴨

現代訳

西の市に
ただ一人で出かけて
見比べないで
買った絹が
誤算だなあ

解説

ある女性が一人で市場にショッピング♪　「あら！　この絹、お値段の割にステキ♥」と一目惚れをし、他の商品と見比べず即決したようです。ところが、帰宅して冷静に考えたら、「なんでこんなの買っちゃったんだろう……」となってしまった女性。「安物買いの銭失いじゃーん！　失敗した……」というところでしょうか。

ただ、これで終わってしまうと「え？　女性が買い物に失敗したっていうだけの歌ですよね？　どこが『ざんねんなカス男』なの？　間違えているんじゃ……？」と思われてしまいますよね。

実は、この歌、「よく考えずに結婚したけれど、見掛け倒しのざんねんな男だったことを後悔した」という内容の譬喩《ひゆ》歌《か》だと考えられています。見た目だけで選ぶと、クズ男にひっかかりかねないので要注意！　かといって、いろんな男性を見比べすぎているうちに、「ステキ」と思える男性は既婚者ばかりかもしれず……難しいですね。

用語

市：たくさんの人が集まって交易するところ。　**てし：**「て」は完了の助動詞「つ」の連用形。「し」は過去の助動詞「き」の連体形。　**商じこり：**未詳。「じこり」は「しこる」（誤算・間違う）の意味か。
かも：詠嘆の終助詞。

橘の寺の長屋に我が率寝し
童女放りは髪上げつらむか

昔お寺で抱いた少女は
大人になったかな

三八二二　作者未詳（男）

和歌

橘《たちばな》の
寺の長屋に
我《わ》が率《ゐ》寝《ね》し
童《うな》女《ゐ》放《はな》りは
髪《かみ》上《あ》げつらむか

原文

橘
寺之長屋尓
吾率宿之
童女波奈理波
髪上都良武可

現代訳

橘の　寺の長屋に
私が連れ込んで寝た
髪を肩のあたりまで
垂らした少女は　もう髪を
結い上げたであろうか

解説

「お寺に連れ込んでコトに及んだあの少女は、もう成人したかな」という歌です。椎野連長年《しいののむらじながとし》という人が、この歌にダメ出しをしています。「寺は俗世間の人が寝るところではない」と。

お坊さんや尼さんは、お寺で修行するために俗世のもの（親・恋人などの人間関係、地位、財産など）をすべて断ち切って「出家」しています。そんな場所に少女を連れ込んだら、ツッコまれますよね。

しかも、「もう成人したかな？」ということは、連れ込んだ少女は未成年。現在なら「淫行」で逮捕です。ただし、こちらは、古文の世界ではセーフ。当時の価値観では、お寺でいかがわしい行為をすることのほうが断然アウトなのであります。

ちなみに、この長年さん、「正しい決定案だ！」と修正した和歌を詠んでいますが、「改悪」とみなされています。ざんねんっ！

用語

長屋：棟割りになった長い建造物。ここでは、壁で仕切っている僧房。 **童女**：髪を肩の辺りまで垂らした少女の髪型。「放り」も同じ。 **髪上げ**：十二歳〜十四、五歳くらいに成長した女子が、垂らしていた髪を結い上げて、後ろに垂らす成人の髪型にする儀式。 **つ**：完了の助動詞「つ」の終止形。 **らむ**：現在推量の助動詞「らむ」の連体形。 **か**：疑問の係助詞。

やっべ、全然腹減らないわ。どうしよう。何か食べたほうがいいんだろうけど、そんなことより、きみがいま何をしているのかを知りたい。

他の男と一緒にいるのか？　ひょっとして、あいつと付き合っているんじゃないか？　それは許せん！　ムキー！

やっべ、またカロリーつかっちゃった。そりゃやせるよね。帯三周してるし。

なんか俺、かわいそうだな。ちょっとはあの子も責任を感じてくれないだろうか？

ふあぁぁ。眠くなってきちゃった。先にあの世で待ってるから、ゆっくりおいで。ふふっ。

二つなき
お前のことを考えると
恋をしすれば
メシも喉を
常の帯を
通らない
三重に結ぶべく
我が身はなりぬ

三二七三

作者未詳（男）

和歌

原文

二つなき　恋《こひ》をしすれば

二無　恋乎思為者

常《つね》の帯《おび》を

常帯乎

三重《みへ》に結《ゆ》ふべく

三重可レ結

我《あ》が身はなりぬ

我身者成

現代訳

後にも先にもない　恋をするので　日頃の帯を

三重に結ぶほどに　私の身体はなった

用語

恋をしすれば：「し」は強意の副助詞（訳出不要）。「すれ」はサ変動詞の已然形。「已然形＋ば」＝順接確定条件。

ぬ：完了の助動詞。

いくらなんでも、やせすぎ!?

恋は最強のダイエット

解説

恋に悩み過ぎてしまい、やつれてしまったことを詠んだ歌。当時、一般的に帯は一重で前で結んでいました。よって、四句目の「三重に結ふべく」は痩せた状態を表す表現で、特に恋が原因でやつれてしまったときによく用いられました。普段一重のものが三重に回せるほどだということは、相当やつれていますよね。

ちなみに、この詠み手の苦悩は、前からひそかに好きだった女性に彼氏ができたこと。それを聞いた日から、居ても立ってもいられず、住み慣れた自分の家なのに落ち着かなくなりました。嘆く気持ちでゆらゆらしてしまい、錯乱した心を鎮める方法もわからず、自分が恋い悩むことすら知ってもらえない苦しみに食べられなくなったようです。

現在でも、失恋で食べられなくなるほど傷心する人もいますが、いつの時代も同じですね。現代で特に女性だと、少しウエストが小さくなれば「やせた♥」と喜んでしまう人がいるかもしれませんが、いつもの三分の一にまでなるのは、ダイエットとしては行き過ぎです。早く立ち直って、「美味しい♪」とご飯が食べられますように。

山守の　ありける知らに
その山に　標結ひ立てて
結ひの恥しつ

まさか既婚者だったなんて　私バカみたい

四〇一　大伴坂上郎女《おおとものさかのうえのいらつめ》

和歌
山守《やまもり》の　ありける知らに　その山に　標《しめ》結《ゆ》ひ立てて　結《ゆ》ひの恥《はぢ》しつ

原文
山守之　有家留不レ知尓　其山尓　標結立而　結之辱為都

現代訳
山の番人が
いたとは知らず
その山に
しめ縄を結い巡らせて
恥をかいた

用語
「知らに」の「に」：《上代語》打消の助動詞「ず」の連用形。　**標**：神や個人の占有であることを示す標識。
標結ふ：自分が独占して、みだりに他人が侵犯しないように監視することのたとえ。　**つ**：完了の助動詞。

解説
この歌は譬喩歌《ひゆか》です。「山守（山の番人）」は奥様、「その山」は男性、「標結《しめゆ》ひ立てて」は自分のものにしようとして、のたとえ。

つまり、「アナタがまさか既婚者で奥様がいることを知らずに、アタックして恥をかいてしまった」という歌です。現代でも既婚者であることを隠して、合コンに参加するカス男いますよね。

ただし、この歌の真相をお伝えすると、詠み手である大伴坂上郎女本人が、騙されて既婚者を好きになったわけではありません。自分の娘の二嬢《じじょう》を駿河麻呂《するがまろ》という男性と結婚させようと思っていたら、駿河麻呂には愛人がいると知り、失望して詠んだ歌です。

しかも、親戚一同が集まる宴会で、この歌を吟じたのです。親族の前で愛人がいることを暴露された駿河麻呂くん、かわいそ～。「カス男」の章の歌ですが、坂上郎女のほうがタチの悪いカスかと……。

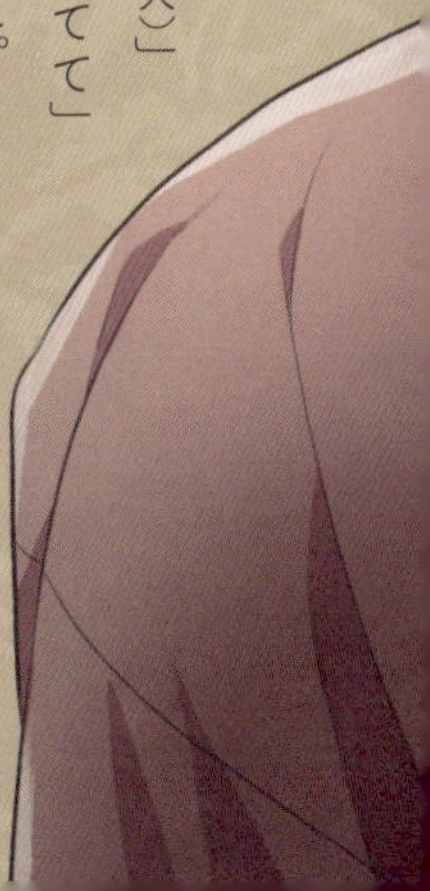

結ひし紐
解かむ日遠み
しきたへの
我が木枕は
苔生しにけり

早く私の
ひもパン
ほどいて

最後の夜に結んでくれた、私の「ひもパン」。あなた以外の誰にも、ほどかせはしないわ。

だって私は、あなたのものだから。忙しい人だってこと、当然わかってる。いつまでも待っています。

……そのつもりだったのに。

ああああー！　遅っせー！

アイツいつまで待たせる気なの？　本当に抱く気あるの？

待つって言ったって、さすがに限度があるわ。

だって、あなたのよだれを吸収した枕、苔《こけ》生えてるし。千代に八千代に、苔の生《む》すまで待てってこと？　バカみたい。

……でも好きなの。

二六三〇

作者未詳（女）

和歌

結《ゆ》ひし紐《ひも》　解かむ日遠《とほ》み　しきたへの　我《わ》が木《こ》枕《まくら》は　苔《こけ》生《む》しにけり

原文

結紐　解日遠　敷細　吾木枕　蘿生来

現代訳

結んだ紐を　解く日が遠いので　私の木枕には
苔が生えてきたなあ

用語

「結ひし」の「し」：過去の助動詞「き」の連体形。

「解かむ」の「む」：婉曲の助動詞「む」の連体形。

遠み：形容詞「遠し」の語幹「遠」＋原因・理由を表す接尾語「み」。「遠いので」と訳す。

しきたへの：「枕」にかかる枕詞。枕詞は訳出不要。

にけり：完了の助動詞「ぬ」の連用形＋詠嘆の助動詞「けり」の終止形。

恋人がぜんぜん来ない

こ〜け〜の〜　む〜す〜ま〜で〜♪

解説

「結ひし紐」というのは、恋人が結んでくれた衣の下紐。男女が一夜を過ごし、朝を迎えて服を着るときに、お互いに相手の衣の紐を結びあう習慣がありました。そして、「次のデートに相手に解いてもらうまでは、その下紐を解かない」＝「浮気していませんよ」という証だと考えられていました。

「結んだ紐を解いてくれる日が遠い」ということは、この詠み手の恋人、どうやらなかなか逢いに来てくれないようですね。どれくらい来てくれていないのか。「木の枕に苔が生えてしまうくらい」だそうです。普段使用しているはずのものに苔が生えるって、相当の日数が経たないと不可能では……（というか、普段使用しているなら、生えないような気も……。ま、ただの喩えですから、あまり深くは考えないようにしましょう。ひとまず、全然来てくれないと言っているのです）。

恋人をそんなにほったらかしにする彼氏なんて、ざんねんですよね。ただし、苔が生えている枕とか汚いわ。私なら余計行きたくなくなりますけどね。そういう意味でもざんねんな歌です。

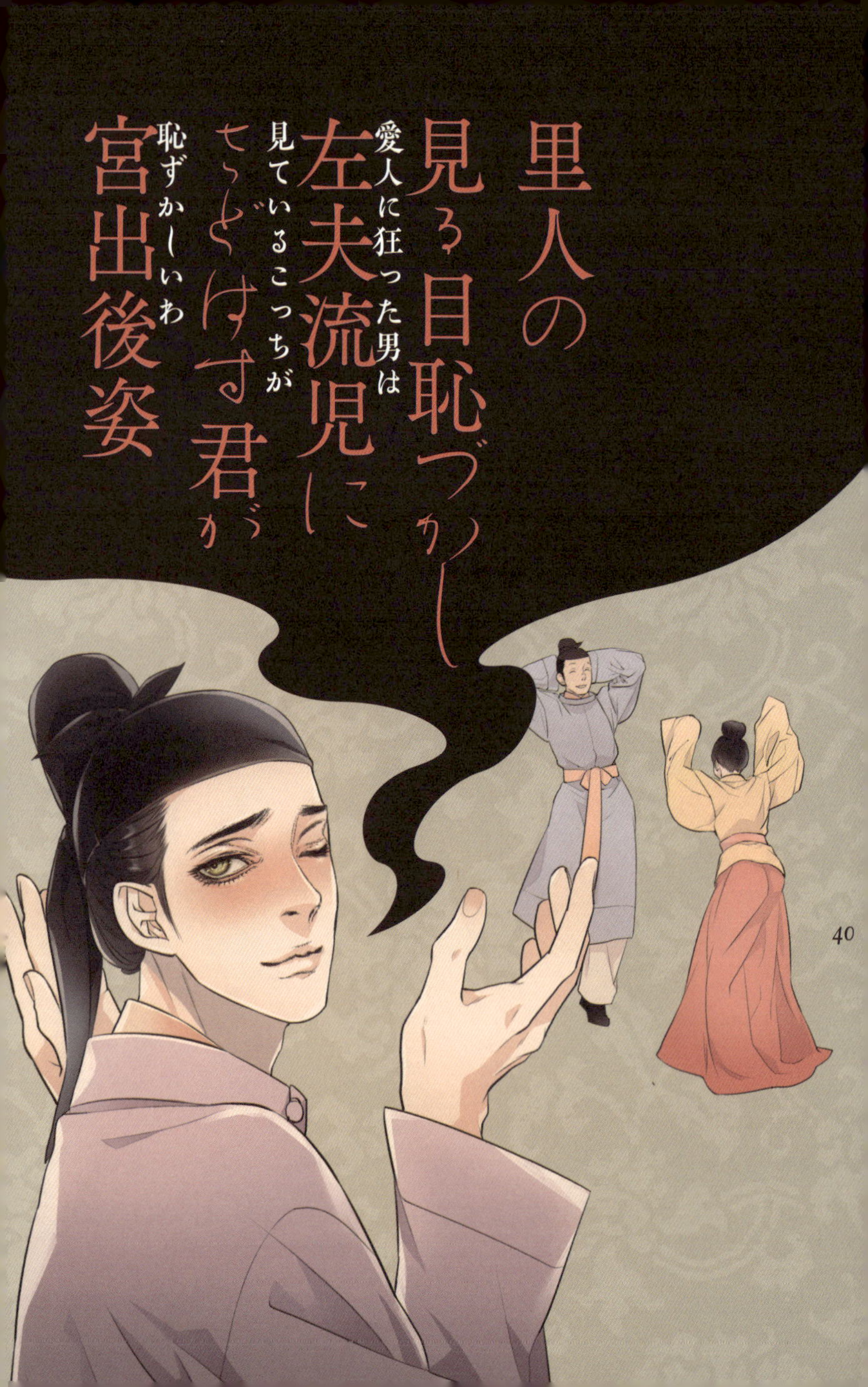
里人の
見る目恥づかし
愛人に狂った男は
左夫流児に
見ているこっちが
さどはす君が
恥ずかしいわ
宮出後姿

四一〇八　大伴家持《おおとものやかもち》

和歌

里人《さとびと》の
見る目恥づかし
左夫流児《さぶるこ》に
さどはす君が
宮出後姿《みやでしりぶり》

原文

左刀妣等能
見流目波豆可之
左夫流児尓
佐度波須伎美我
美夜泥之理夫利

現代訳

里人の　見る目（を想像すると
自分まで）も恥ずかしい
左夫流女《さぶるめ》に
心が乱れなさった君の
出仕する後ろ姿

解説

国司の記録係・尾張少咋《おわりのおくい》が、妻がありながら左夫流《さぶる》という遊女にベタぼれしていることが知れ渡ってしまいました。この歌は、そんな少咋を喩《さと》すため、大伴家持が作った歌の反歌三首のうちの一首です。

当時は一夫多妻制（正妻は一人）でしたが、夜にコッソリ女性の家に行き、朝、明るくなりきる前に出てくるのはせめてものマナー。なのに！　五句目の「宮出後姿」は、自宅からではなく、左夫流女ちゃんの家から出仕する後ろ姿。もう、完全に脳内お花畑ですね。

この後に「左夫流女が大切にしていた家（＝少咋の宿舎）に、駅鈴《えきれい》をつけていない駅馬《えきば》が到着した。里人たちはどよめき大騒動！」（四一一〇）という歌があります。駅馬は官使専用の馬で、通常鈴をつけます。「駅鈴をつけていない駅馬」は、妻が乗った私用の馬を大げさに言ったもの。そうです、少咋の正妻が勝手に来たのです！　この後、どうなったのでしょう。浮かれていると痛い目にあう…はずです。

用語

さどはす：「さどふ」（心が乱れる）の敬語。
宮出：官庁に出勤すること。

我が手本 まかむと思はむ
ますらをは をち水求め
白髪生ひにたり

白髪おじさんなんて眼中にないし
若返りの水でも探してくれれば？

六二七　娘子《をとめ》

和歌
我《わ》が手本《たもと》
まかむと思はむ
ますらをは
をち水求め
白《しら》髪《か》生《お》ひにたり

原文
吾手本
将レ巻跡念牟
大夫者
変水求
白髪生二有

現代訳
私の手首を
枕にしようと思っている
ますらを（＝赤麻呂）さん
若返りの水を探せ
白髪が混じっているよ

解説
佐伯宿禰《さえきのすくね》赤麻呂《あかまろ》という男性が、とある娘に求婚しました。この歌は、その娘からの返事です。赤麻呂は伝未詳で、このとき何歳だったのかはナゾですが、もう白髪が混じっていたようです。

白髪が生え始める年齢は当然個人差があるでしょうが、（現代では）一般的には三十代後半が多いようです。混じっているなら四十歳くらいでしょうか。だとすれば、当時の感覚では四十歳＝初老ですから、「赤麻呂じいちゃん」というところでしょうね。

赤麻呂が娘に求婚した歌は『万葉集』に載っていないので不明なのですが、返事の上の句に「私の手首を枕にしようと思っている」とあることから、「愛しい君の手首を枕にして寝たいな♥」なんてことが書かれていたのでは。現代の感覚だと、六十代の男性が二十歳の乙女に「君とヤりたい」とメールを送っているようなもの。娘は「出直してこい」と一喝ですね。さあ、赤麻呂じいちゃん、どうなる!?

用語
手本：手首。　**まかむ**：「まか」は「まく」（枕にする）の未然形。「む」は意志の助動詞「む」の終止形。
ますらをは：「ますらを」は男性。「は」は呼びかけを表す。
をち水：若返りの水。　**求め**：「求む」の命令形。

白髪生ふる
ことは思はず
をち水は
かにもかくにも
求めて行かむ

オーケー
若返ってくるから
待っててなベイビー

ヘイ、ベイビー。何をつまらないことを気にしているんだい？　愛があれば、白髪なんか関係ないだろう？

もっと、自分の気持ちに正直になったほうがいいと、僕は思うけどなぁ。さぁ、きみがまだ知らない世界へ、僕が案内してあげる。一緒においで？

オーケー、わかったよ。きみの意思を尊重するよ。だって僕は寛容だからネ。それが、イケてる大人の男ってやつなのさ。

まーとりま、きみの言う「若返りの水」探してくるからさ、待っててくれる？

それまで、他の男と結婚しちゃ、ダメだゾ♡

六二八

佐伯宿禰赤麻呂《さえきのすくねあかまろ》

和歌

白髪《しらか》生《お》ふる　ことは思はず　をち水は　かにもかくにも　求めて行かむ

原文

白髪生流
事者不ㇾ念　変水者
鹿煮藻闕二毛
求而将ㇾ行

現代訳

白髪が生えている　ことは何も思わない
若返りの水だけは　いずれにしても　探しに行こう

用語

をち水：若返りの水。

かにもかくにも：いずれにしても。

「行かむ」の「む」：意志の助動詞。

愛があれば年の差なんて……!?

めげないじいちゃん

解説

先ほど（四二ページ）、求婚した娘から「若返りの水でも探して、出直してきなさい」と言われてしまった赤麻呂じいちゃん、再登場！ この歌は、その返事に対して、答えて詠んだ歌です。

「白髪が生えていることなんて何にも思わないよ」と。「そりゃ、アナタはそうか知らないけど、女の子のほうが勘弁してくれって言ってんの！」と叫びたい気持ちはおいといて、最後は「若返りの水は探しに行こう」と言っています。……行くんかい！

娘はピシャリと撃退したつもりだったのでしょうが、こんな和歌がまた返ってきてウンザリ、いや、うすら恐怖も感じたのではないでしょうか。この~~ジジイ~~おじいちゃん、なんでこんなにポジティブなんでしょうね。正直ドン引きですね。

めげない強さは前向きでステキなことだと思いますが、恋愛に関しては、相手が嫌がっているならサッと潔くひくのが、大人の男（女）ではないでしょうか。赤麻呂みたいになると、ただの面倒なやっかいな人と思われるはずなので気を付けましょう。

我妹子を　相知らしめし
あの子と出会わなければよかった
人をこそ　恋の増されば
どうして紹介したんだこの野郎
恨めしみ思へ

四九四　田部忌寸櫟子《たなべのいみきいちい》

和歌

我妹子《わぎもこ》を
相知《あひし》らしめし
人をこそ
恋《こひ》の増されば
恨めしみ思へ

原文

吾妹児矣
相令レ知
人乎許曽
恋之益者
恨三念

現代訳

あなたを
紹介してくれた
人を
恋しさが増すと
恨めしく思う

解説

この歌は、男が彼女と別れる悲しみを嘆き、「そもそも彼女と出逢わなければ、こんな悲しい思いをすることはなかったはずだ。全部、紹介したアイツが……」と、付き合うきっかけを作ってくれた相手を恨んで詠んだ歌です。ただの八つ当たりです。本当に見苦しい。そんなことで恨まれた人が本当にお気の毒です。いますよね、こういう人間。失敗したときに、全部他人のせいにするざんねん過ぎる人。

この最低八つ当たり男は、田部忌寸櫟子《たなべのいみきいちい》という男性で、彼女は舎人《とねりの》吉年《よしとし》ちゃん。ただ、「別れ」の原因は、吉年ちゃんにフラれちゃったわけではなく転勤です。「大宰府の役人になれ」という辞令がくだり、都と九州に離れ離れに。吉年ちゃんも「アナタの袖に取りすがって、泣く幼児にまさるくらいの私を置いて行っちゃうなんて……」という歌を詠んでいます。たしかに、櫟子も気の毒ですが、恨まれた紹介者のほうが断然気の毒です。そんなの「知らんがな」でしょうね。

用語

我妹子：男性から親しい女性（妻・恋人など）を呼ぶ語。　**しめし：**「しめ」は使役の助動詞「しむ」の連用形。「し」は過去の助動詞「き」の連体形。　**思へ：**「こそ」の結びで已然形。

これも万葉集 一

昔、桜児《さくらこ》ちゃんという娘がいました。二人の青年が、この桜児ちゃんを狙ってプロポーズ。お互いに命をかけて争うほどでした。

困ったのは桜児ちゃん。「ケンカをやめて！」「もう私のために争わないで！」と言ったかは知りませんが、泣きながら「昔から今まで、女性は二人の男性と結婚することはできないの。そんなの聞いたことも見たこともないわ。今はもうあの人たちの心を和らげるなんて無理よ。私が死ねば、あの二人が死闘を繰り広げることもないわ」と言い、林の中に入って首をつり、自ら死を選びました。

青年たちは血の涙を流し、それぞれ歌を詠みました。「春さらば　かざしにせむと　我《あ》が思ひし　桜の花は　散り行《ゆ》けるかも（春になれば　髪に挿そう（＝美女を妻にして満足しよう）と　私が思っていた　桜の花（＝桜児）は散って（＝死んで）しまったなあ）」（三七八六）「妹《いも》が名に　かけたる桜　花咲かば　常にや恋《こ》ひむ　いや年《とし》のはに（愛しいあの子の名前に　ゆかりがある桜の　花が咲いたならば　ずっと恋い慕うだろうか　毎年毎年……）」（三七八七）

誰も幸せになっていない、悲しいざんねんな結末ですね。

けんかを
やめて
もう
私のために
争わないで

2章 イタい男女

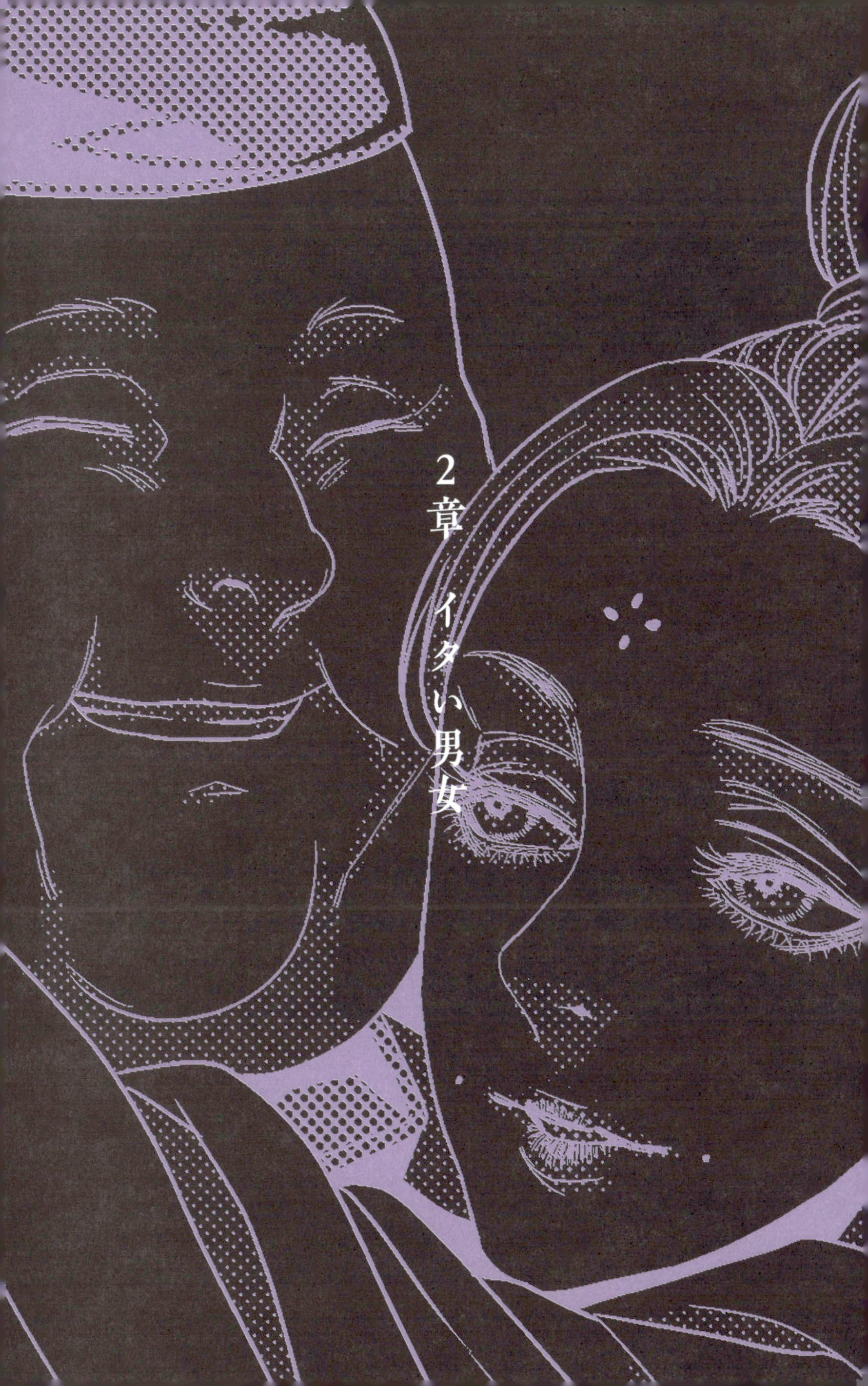

息の緒に
きみを愛してるけど
我は思へど
二人でいるの
人目多みこそ
見られたくないんだ
吹く風に
あらばしばしば
逢ふべきものを

あぁ、僕はきみを命がけで愛している。嘘偽りのない愛を、きみに誓うよ。僕にとって、これが最後の恋になるだろうね。

でもね……、今日、外に人が多い！ 週末だからかな。だから、きみと会えないんだ。

だって、恥ずかしいでしょ？ 男女が二人で歩いているって、意味ありげに見られるでしょ？

違うって！ それは誤解だよ。きみのことは本気で愛してる。だから、人目が気になるんだ。

あぁ、風になれたらなぁ。週末でも日中でも、どんなに人が多くても、誰にも見つからずに会いに行けるのになぁ。

……そんな目で見るなよ。

二三五九

作者未詳

和歌

息の緒《を》に　我《あれ》は思へど　人目多みこそ　吹く風に　あらばしばしば　逢ふべきものを

原文

息緒　吾雖レ念　人目多社　吹風　有数々　応レ相物

現代訳

命がけで　私は愛しているが　人目が多いので
吹く風で　あったならばたびたび　逢えるのになあ

用語

息の緒：命。通常「息の緒に」の形で「命がけで」の意味。

多み：形容詞「多し」の語幹＋原因を表す接尾語「み」。「多いので」の意味。

あらば：未然形＋ば＝順接仮定条件。

ものを：詠嘆の終助詞。「〜のになあ」の意味。

男だったら堂々としろ！

口先ばかりで信用ゼロです

〈解説〉

「人目が多いから」という理由で、会いに来ない男の歌です。見つかったら噂になるほどの有名人か、バレたらまずい不貞行為をしているのであれば理解できますが、もし、一般人で普通に付き合っているはずなのに、「人目が多いから」と気にされ過ぎてしまったならば、女性側としては「そんなに私イケてないのかな……」と少し傷ついてしまいそうです。

人目を気にしなさ過ぎの人（＝公共マナーを考えられないような人）も困りものですが、そんな理由で会いにこない男性は信用ならないですね。個人的には、そもそも「命がけで愛している」とか簡単に口に出す男性自体、信用できません。あ、ざんねんながら言われたことはありませんけどね。

後半で、「もし風になれたならば、何度も何度も君に逢いに行けるのになぁ、ざんねんだな〜」と詠んでいますが、この男の言うことですから、まったく嬉しくないですし、逆に少しイラっとくるかもしれませんね。口先だけで調子のいいことばかり言って、誠実さの欠片もない。こんな男の言うことを喜ぶ女性がもしいたら、それもざんねん。

草枕　旅には妻は　率たれども
櫛笥の内の　玉こそ思ほゆれ

妻と旅行しても
きみのことを想っているよ

六三五　湯《ゆ》原《はらの》王《おおきみ》

和歌

草枕　旅には妻は　率《ゐ》たれども　櫛笥《くしげ》の内の　玉こそ思ほゆれ

原文

草枕
客者嬬者
雖二率有一
匣内之
珠社所レ念

現代訳

旅には妻を
引き連れるが
櫛箱の中の　宝石のように
大切に深く愛している
あなたを思っているよ

解説

「櫛笥の内の玉」というのは「大切に深く愛している女性」のたとえで、ここでは「愛人」を指しています。つまり、愛人狂いのざんねんな男の歌。奥様かわいそうに。旦那様とのせっかくの旅行でウキウキ楽しんでいるかもしれないのに、旦那はこんな歌を詠んでいるのです。奥様が知ったら、現代であれば離婚の危機でしょうね。

この和歌をもらった愛人も嬉しくないのでは。だって、いくら思い出してくれても、実際に一緒に旅行に行けるのは奥様なのですから（↑「当然です！　アンタじゃない」by世の奥様方）。自分の立場をわきまえられないタイプの愛人は、嫉妬に狂うかもしれません。いずれにせよ、「その報告いらないんですけど」状態だと思われます。

つまり、奥様にも愛人にも最悪のざんねんな歌です（まあ、実は愛人に「家でも見飽きないのに、旅にも奥様と一緒なんて羨ましい」と言われたから送った歌なのですが）。

用語

草枕：「旅」にかかる枕詞。　**「率たれ」の「たれ」**：存続の助動詞「たり」の已然形。
櫛笥：櫛などの道具を入れる箱。　**玉**：宝石。

み吉野の水隈が菅を
編まなくに
刈りのみ刈りて
乱りてむとや
私の体が
目当てだったのね？

二八三七　作者未詳（女）

和歌

原文

三吉野之
水具麻我菅乎
不レ編尓
苅耳苅而
将レ乱跡也

み吉野の
水《み》隈《くま》が菅《すげ》を
編《あ》まなくに
刈りのみ刈りて
乱りてむとや

現代訳

吉野川の　湾曲部の菅を
編まないのに
刈るだけ刈って
乱しておこうと
いうのですか

解説

この歌は、関係を持つだけ持って正式には結婚しない男に対する恨みの歌です。詳しい背景は不明ですが、比喩形式の恋の歌がまとめられている「譬喩歌《ひゆか》」の一つです。

「笠に編む」という表現が「相手と正式に結婚をする」という意味を表すことから、三句目の「編まない」は「正式な結婚をしない」という意味です。四句目の「刈るだけ刈って」の「刈る」は、「男女が深い仲になること」、五句目の「乱す」は「思い乱れさせる」ということ。

つまり、「正式に結婚するつもりもないくせに、ヤるだけヤって、私を悩ませ苦しめるつもりなのね!?」と詠んでいます。現代でも、まったく同じ理由で憤慨している女性、いますよね。

男もざんねんですが、そんな男を見抜けなかった女性もざんねん。付き合う前からそんなことをしたのは同じですしね。だからこそ、女性は後悔して、グルグル悩むことになるのでしょうけれど……。

用語

「み吉野」の「み」：接頭語。美しいものや、語調を整えるときに用いる。　**水隈**：川筋の湾曲部。「隈」は陰になっていて見にくい部分のこと。　**菅**：植物の名前。　**なくに**：〜しないのに。　**てむ**：強意の助動詞「つ」の未然形＋意志の助動詞「む」の終止形。　**文末の「とや」**：〜というのか。〜というのだな。

栲領巾の 白浜波の
不機嫌なあなた
寄りもあへず 荒ぶる妹に
カッコイイ
恋ひつつそ居る

二八二二　作者未詳

和歌

栲《たく》領巾《ひれ》の
白浜波の
寄りもあへず
荒ぶる妹《いも》に
恋《こ》ひつつそ居《を》る

原文

栲領巾乃
白浜浪乃
不レ肯レ縁
荒振妹尓
恋乍曾居

現代訳

浜に寄せる白波のように
近寄りがたいほど
気が荒いアナタに
恋し続けている

解説

「栲領巾《たくひれ》」は、楮《こうぞ》の繊維で作った白い細い布で、女性が装飾用に肩に掛けていたものです。海岸に白い波が押し寄せる様子を、栲領巾にたとえています（ただし、「枕詞」なので訳出は不要です）。

ここでの「押し寄せる白波」は、近づけないほどの高い波。そんな荒波のように、機嫌が悪くて近寄れない人に、詠み手は恋し続けているのです。危険な香りがする人に惹かれてしまうタイプですね。

ちなみに、「荒ぶる妹」ですから、気が荒いのは女性で、この詠み手は男性です。現代で危険な香りが好きそうなのは、私の中ではどちらかというと女性のほうが多そうなイメージなので、イラストはあえて和歌とは逆の性別バージョンで描いていただきました。

性別がどちらだろうが、近寄れないほど機嫌が悪いなんて相当ですよね。あまりにもヒドい場合は近寄らずに逃げてください。ＤＶやモラハラの被害にあわないことを祈るばかりです。

用語

栲領巾の：「白浜波」の枕詞。　**栲領巾の白浜波の：**「寄る」の序詞。

V＋あへず：Vしようとしてできない。

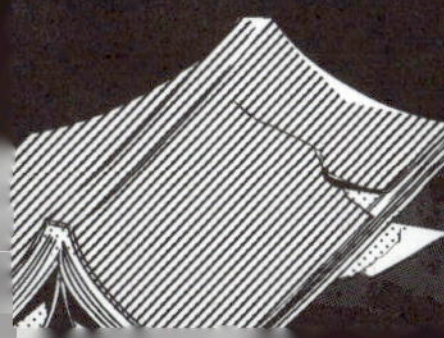

あっ！　見つかっちゃった!?

もぅ〜しょうがないなぁ。

私たち、天皇に内緒で付き合ってます。もちろん、みんなにも秘密でね。だからあなたも、誰にも言っちゃだめよ。

どこでデートしてるのかって？　もちろん、宮中よ！　時間を決めて、厠《かわや》に行くフリして仕事を抜け出すの。持ち場に帰るときは別々ね。人目につかない、いい場所があるの。

逢って何をするかって？　それ、聞いちゃう？　愛を確かめ合うのよ。神聖な場所だと思うと、燃えちゃうのよね〜。

私、そろそろ行かなきゃ。彼が待ってるの。じゃ、またね。

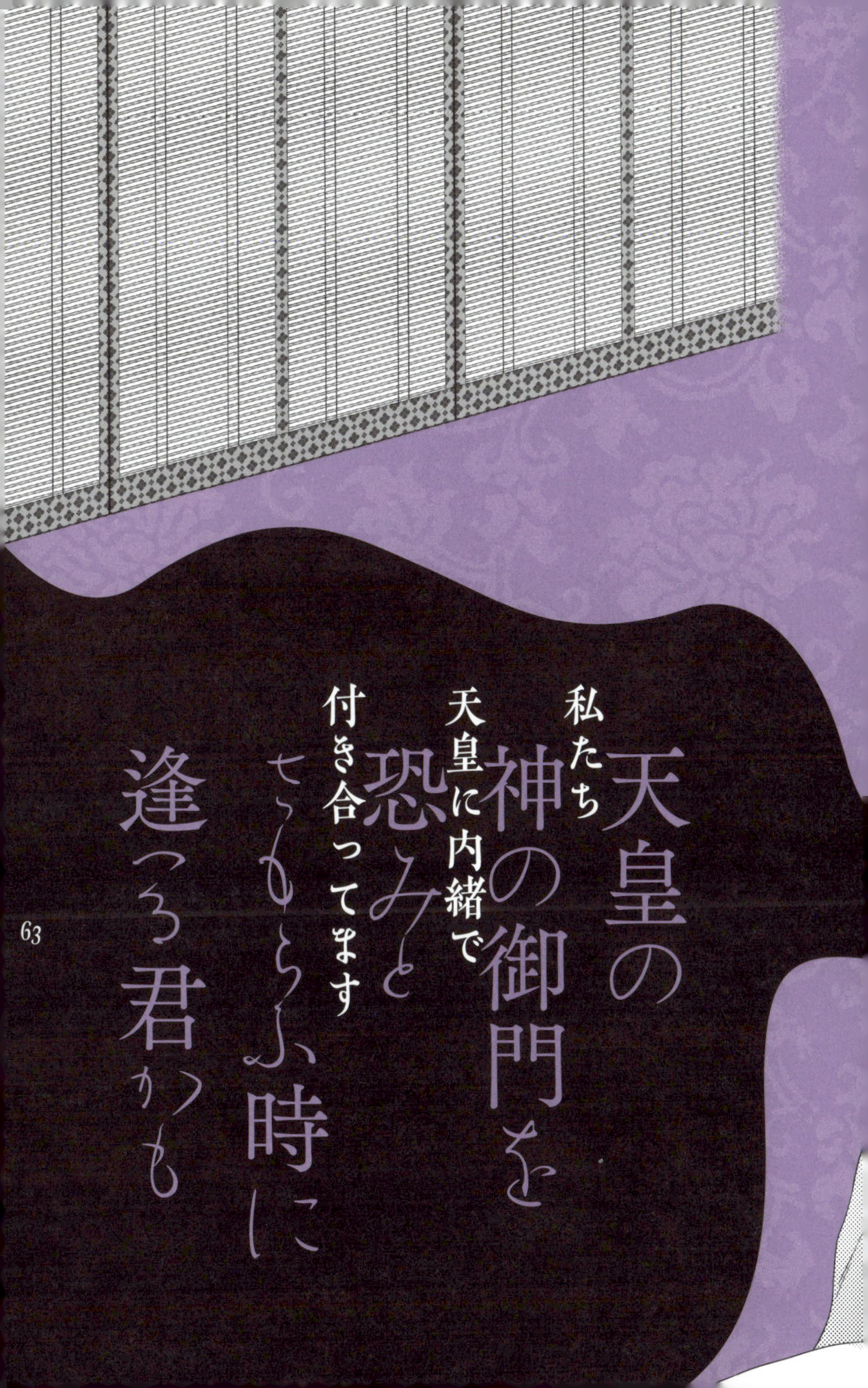

天皇の
神の御門を
恐みと
さもらふ時に
逢へる君かも
私たち
天皇に内緒で
付き合ってます

二五〇八

作者未詳（女）

和歌

天皇《すめろき》の　神の御門《みかど》を　恐《かしこ》みと　さもらふ時に　逢へる君かも

原文

皇祖乃　神御門乎　懼見等　侍従時尓　相流公鴨

現代訳

天皇の　御座所近くで　畏《おそ》れ多く
お仕えしている時に　逢ったあなたよ

用語

すめろき：歴代の天皇のこと。ここでは、「遠い昔から受け継がれた伝統ある神の子」の意味。

さもらふ：お仕えする。

「逢へる」の「る」：完了の助動詞「り」の連体形。

かも：詠嘆の終助詞。

職場恋愛は別にいいけど……

仕事はちゃんとしてね

解説

詠み手は、宮中で働いている女官です。そんな中、同じく宮中に勤めている官人と恋におちました。いわゆる職場恋愛ですね。それ自体はまったくかまいません。ちゃんと仕事さえしてくれていれば。だがしかし！　この詠み手は職場で彼氏と密会しているのです。しかも勤務中に!!　これはアウトです。

職場で休憩中に一緒にご飯とかなら、別に本人たちの自由だと思いますし、問題はないでしょう。でも、勤務中にプライベートな理由で密会は、どう考えてもアウトでしょう。

「ただ、たまたま勤務中に会って、『あ！ラッキー♪嬉しいナ♥』っていう歌じゃないの？」と思った人もいらっしゃるかもしれませんが、古語の「逢ふ」は「男女が深い仲になる（＝体の関係をもつ）」という意味です。つまり、イラストは、大人の事情でだいぶかわいく描いていただきました。

本当は、イラストのような「手をつないでキャ♥」みたいなウブな感じではありません。勤務中に職場でHです。アホか。仕事せえ！　バレたら二人ともクビですね、はい。

心合っば 相寝るものを
小山田の 鹿猪田守るごと
母し守らすも

ママが恋の邪魔をする

三〇〇〇　作者未詳（女）

和歌

心合へば　相《あひ》寝《ね》るものを　小《を》山《やま》田《だ》の　鹿《し》猪《し》田《だ》守《も》るごと　母し守《も》らすも

原文

意合者　相宿物乎　小山田之　鹿猪田禁如　母之守為裳

現代訳

心さえ通えば
共に寝られるのに
谷間の水田で　収穫前の
稲田を監視するように
母親が番をしているよ

解説

「愛し合っている男女は、心さえ通じ合えば、必ず一緒に寝ることができるものなのだ」と考えられていました。「それなのに、母親が監視していて逢えない」と娘が訴えている歌です。

昔は一夫多妻で、男性が女性のもとに通う「通い婚」。アプローチは、男性が女性にラブレターを届けます。女性から返事が来て、手紙のやりとりが始まれば交際スタート！　そのうちに「そろそろ逢おっか♪」となり、男性が夜、女性の部屋へ逢いに行きます。

実際に「逢う」許可を下す決定権の多くは、女性の母親が握っていたようです。娘に来る手紙をチェックしたり、「逢いに来る」とわかれば、ウェルカムなエリート男性の場合は、掃除をしたり念入りに準備をしますが、そうでない男の場合は、娘の部屋に入れないように監視をしていたようです。当人は愛し合っているのに、親の反対で交際・結婚できない問題は、ざんねんながら昔からあるのですね。

用語

ものを：逆説の接続助詞。　**「小山田の」の「の」**：同格の格助詞。　**鹿猪田**：鹿や猪が食い荒らす収穫前の稲田。　**ごと**：比況の助動詞「ごとし」の語幹。「～のように」。　**文末の「も」**：詠嘆の終助詞。

うまし物いづくも飽かじを
娘はなぜデブと結婚したのか
坂門らが角のふくれに
わからん
しぐひあひにけむ

三八二一　児部女王《こべのおおきみ》

和歌

うまし物
いづくも飽《あ》かじを
坂《さか》門《と》らが
角《つの》のふくれに
しぐひあひにけむ

原文

美麗物
何所不レ飽矣
坂門等之
角乃布久礼尓
四具比相尓計六

現代訳

美味しいものは　どなた様も
いやではないのに（どうして）
坂門さん家の娘子《おとめ》は
角氏のおデブさんと
くっついて
ヤっちゃったんだろう

解説

坂門氏の娘は、地位の高い家柄のイケメンの求婚に従わず、なんと卑しい身分のブサイク（原文訳です、お許しを……）と男女の関係になりました。この歌は、そのことを児部女王がからかった歌です。

娘は家柄や見た目よりも内面を重視したのでしょうし、体格だって個人の好みの問題です。娘にとっては大きなお世話なのですが、当時の感覚としては、地位の高い人の求婚を断るなんて（しかも、イケメン！）ざんねんすぎることだったのです。

現代でも、「なんであんな人と!?」と周りが言うことがありますが、それと同じですね。本人には大きなお世話です。児部女王にとっては、娘がざんねんなのでしょうけど、ある意味、こんな歌を詠んでいる児部女王のほうがざんねんに思われます。ただのマウンティング女か、彼氏がいない女のひがみ、ですね。

用語

いづく：不定称の人称代名詞。皮肉な気持ちが込められている。**ふくれ**：肥満体型の人をからかっていう言葉。**しぐふ**：未詳。「付き合う」「くっつく」などの野卑な表現と考えられている。**に**：完了の助動詞「ぬ」の連用形。**けむ**：過去原因推量の助動詞。

つぎねふ 山背道を 他夫の 馬より行くに

馬がないなんて

己夫し 徒歩より行けば 見るごとに

音のみし泣かゆ（後省略）

あなた恥ずかしいわ

三三一四　作者未詳（女）

和歌

つぎねふ　山背道《やましろぢ》を
他夫《ひとづま》の
馬より行《ゆ》くに　己夫《おのづま》し
徒歩《かち》より行けば　見るごとに
音《ね》のみし泣かゆ

原文

次嶺経　山背道乎
人都末乃
馬従行尓　己夫之
歩従行者　毎㆑見
哭耳之所㆑泣

現代訳

山背を通っている道を
他人の夫が　馬で行くのに
私の夫は　徒歩で行くので
見るたびに泣かずにはいられない

解説

山背の道を、馬に乗った男性たちが通っていますが、一人だけ歩いている男がいました。それが、詠み手の夫です。よそのご主人は馬に乗って颯爽《さっそう》と行くのに、自分の旦那だけ、馬を持っておらず、歩きなのです。馬を買うお金がないからなのでしょうが、徒歩の旦那を見るのはつらく、情けなくて涙がでてきてしまうほど。

この歌には続きがあります。詠み手の女が母親の形見である「鏡」と「領巾《ひれ》」を夫に託し、「これを売ったお金で馬を買いなさい！」と。「見ていて恥ずかしいわ。私が笑い者になるのよ！」というキツい女性ではなく、本当に心配しているだけ。「深い川を渡るとき、あなたの服が濡れていないかしら」と心配する歌や、「あなたが苦労して行くのを見ていると、私が鏡を持っていても甲斐がないの」という歌も詠んでいます。

「イタい男女」の章に入れましたが、全然イタくない、健気なかわいい奥さんですよね、スミマセン。

用語

つぎねふ…「山背」の枕詞。　**音のみし泣かゆ**…「し」は強意の副助詞。「ゆ」は上代語で、自発の助動詞。

かなし妹を
ケンカしたまま
いづち行かめと
妻が
山菅の
死んじゃった
そがひに寝しく
今し悔しも

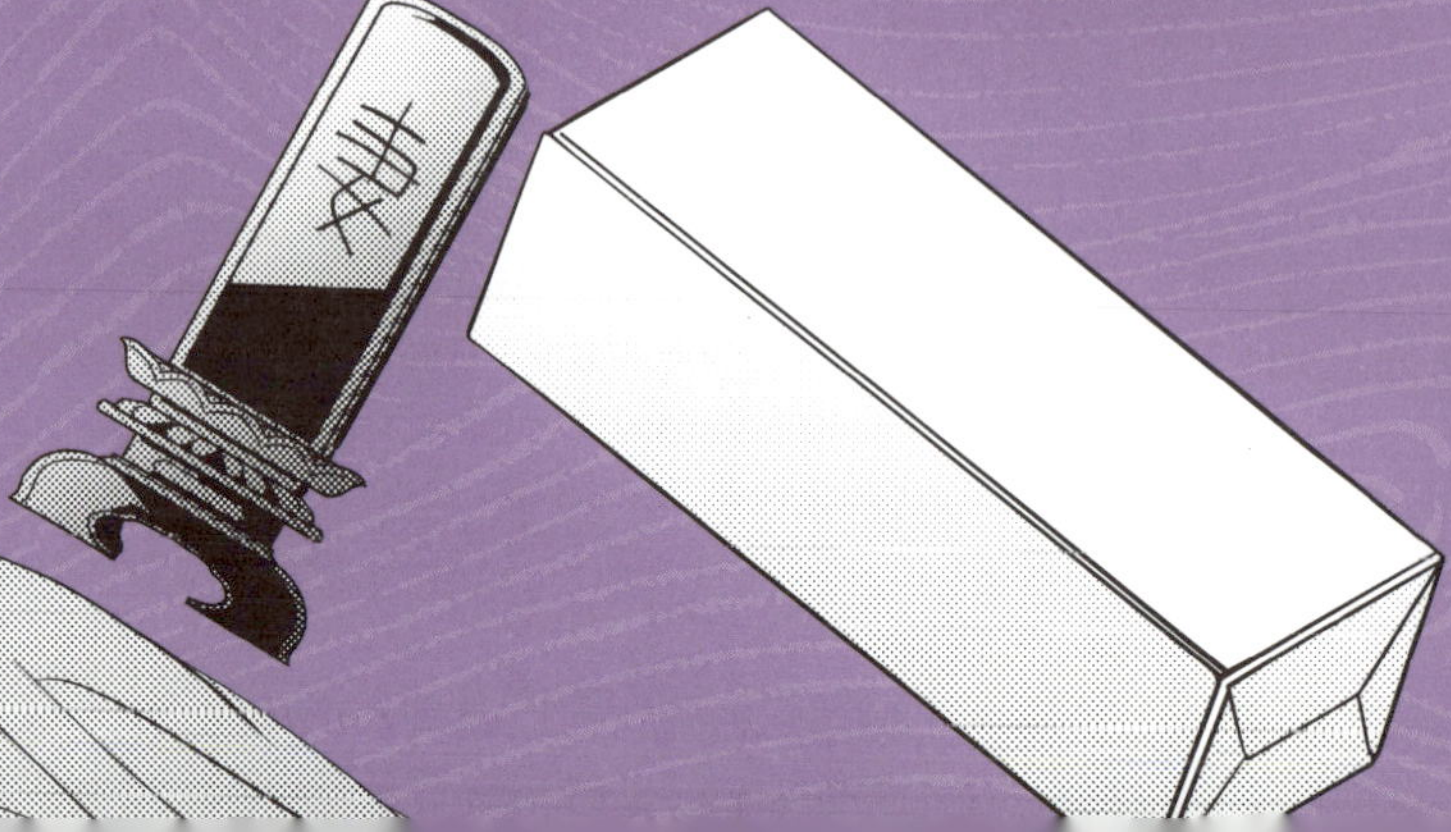

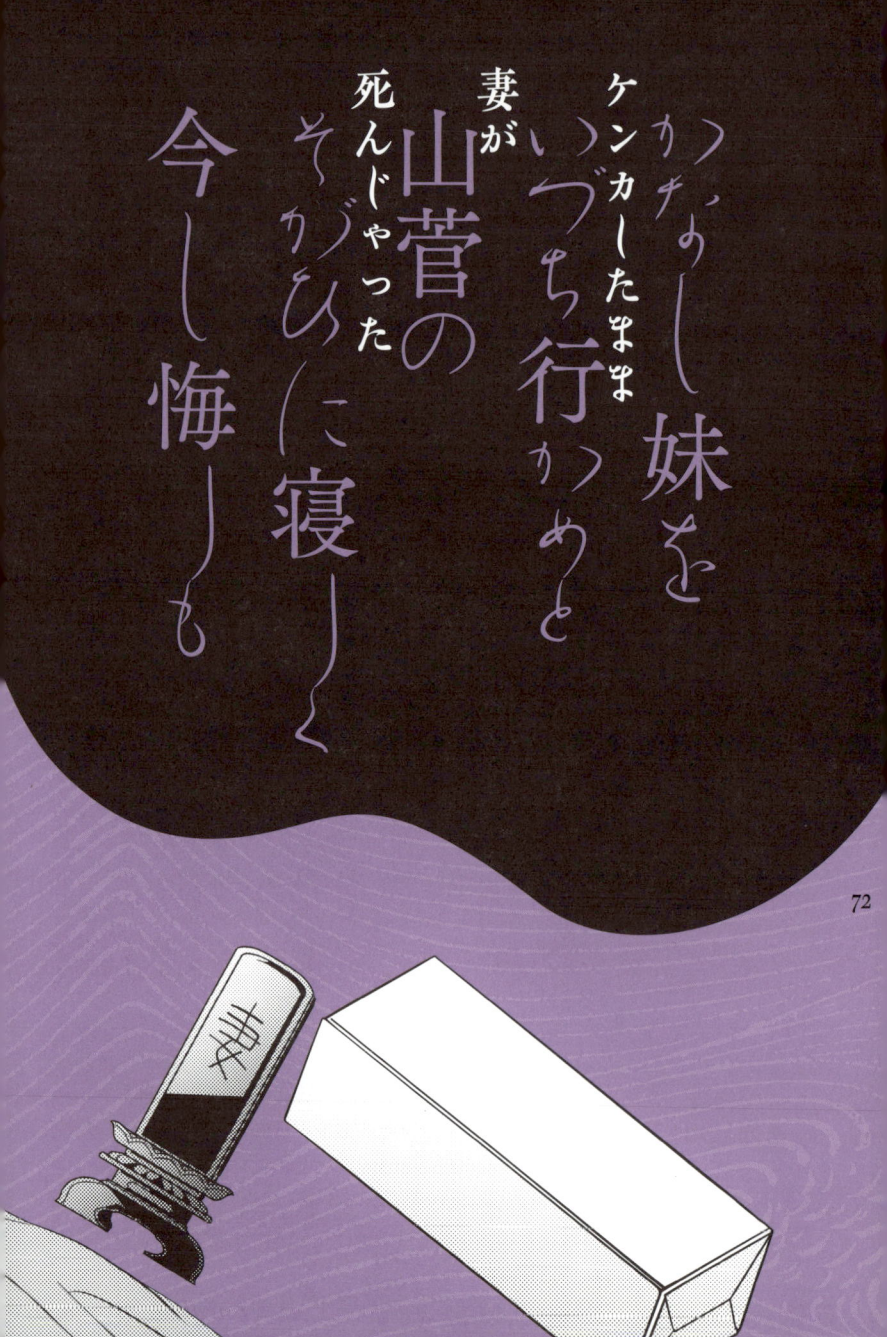

突然ですが、あなた、大切な人はいますか？　近い関係だからといって、甘えていたり、雑に扱ったりしていませんか？

思い当たるフシ、あるんですね。私、断言します。あなた、いつかきっと後悔する。

うちの妻、亡くなりました。あまりに急で、もうびっくり。

結婚してから毎日一緒にいたもんだから、それがもう当たり前になっちゃって。先にあの世に行ってしまうなんて、想像もしてなかったんですよ。

もっと優しくすればよかったな、って後悔をする毎日です。生きているうちに、大切な人を大切しないとね……。

三五七七

作者未詳（男）

和歌

かなし妹《いも》を　いづち
行《ゆ》かめと　山菅《やますげ》の
そがひに寝《ね》しく
今し悔《くや》しも

原文

可奈思伊毛乎　伊都知
由可米等　夜麻須気乃
曾我比尓宿思久
伊麻之久夜思母

現代訳

愛しい妻は　どこへ行こうか、いや、どこにも行かないと
背中合わせに寝たことが
今は残念だなあ

用語

かなし：愛しい。

妹：男性から親しい女性（妻・恋人・姉妹など）を呼ぶ語。

いづち行かめ：「いづち」は方角の不定称代名詞。「め」は推量の助動詞「む」の已然形。疑問語があり已然形で結ぶと「反語」となる。

山菅の：「そがひ」の枕詞。「山菅」は、ユリ科の多年草。細長い葉が別の方向に伸びることから「そがひ」にかかる。

そがひ：「背後」の意味。「そ」は「背」、「かひ」は「方向」の意味。

「今し」の「し」：強意の副助詞。

文末の「も」：詠嘆の終助詞。

どれだけ悔やんでも、願っても、

時は越えられない…

解説

妻が亡くなった後、ちょっとしたことでケンカをし、お互いに口を利かないことがあったことを、夫が思い出して詠んだ歌。人はいつ死ぬかわかりません。死んでから後悔しても、どうにもならないのです。そのときは腹が立っているかもしれないけれど、やっぱり無視したまま、言い合いをしたままで最期を迎えたらつらすぎますよね。

ある女子高生が、幼いころからずっと、家を出るときに「いってきます」の代わりに「大好きだよ」と言って出る、という記事を読みました。ケンカをしていても必ず、だそうです。いつ、不慮の事故で命をおとすかもしれない。だから、家族が聞いた最期の自分の言葉が「大好きだよ」になるように、ケンカしたまま嫌な言葉を浴びせたのが最期にならないように。

縁起の悪いことは考えないでほしいですが、いつ何があるかわからないのも確かで、その子の考えに感心しました。多くの健康な人は「死と隣り合わせ」ということを忘れてしまいがちですが、後悔しないように生きていきたいものですね。

「この川に　朝菜《あさな》洗《あら》ふ児《こ》　汝《なれ》も我《あれ》も　よちをそ持てる　いで子賜《たば》りに」（三四四〇）という歌があります。直訳は「この川で　朝早く川べりで菜を洗っている娘さん　おまえも私も　年恰好がお似合いの倅《せがれ》と娘を持っている　よし、その娘を頂戴しに（行こう）」です。

昔は結婚年齢が早かったとはいえ、娘がいる女性に対して「娘さん」と呼びかけるなんて、年配の女性のお客様にも「おねえさん！」と呼びかける八百屋の人気店主のような気配りです。その割には「汝」（二人称代名詞の敬語ではあるが、敬意は少なく、目上→目下のものへ、男性→女性へ多く用いられた。「おまえ」と訳しました）とも言っており、調子のよいえらそうな男なのか？　さらに、自分の子供たちの縁談を持ち掛けているので、世話好きな親父か？　なんて思ってしまいそうな歌ですが、実態はただの下品なエロナンパ男。

「（オレの）倅」と「（おまえの）娘」は、二人の性器のたとえなのです。若い娘さんに、朝っぱらからこんなこと、最悪ですね。そして、こんな歌がシレっと収録されている『万葉集』……おそるべし。

僕の男性器と君の女性器きっとお似合いだよ？

3章　キツい女

はじめより
結婚しないなら
長く言ひつゝ
期待させないでよ
頼めずは
かかる思ひに
あはましものか

家持《やかもち》さん、あなた最近お手紙が少なくなってきましたわね。

ひょっとして、フェードアウトしようとしてるんじゃ、ないわよね？　自然消滅、狙ってるわけじゃないわよね？

「きみのことをずっと愛してる」

あなた、そう言いました。

私、それ信じてました。

普通、結婚すると思うじゃないですか。バラ色の未来、想像しちゃうじゃないですか。

泣きながら、あなたからのお手紙を待っていました。

もう、限界です。私の気持ちは知ってるはずでしょう？

私、とっても怒っていますのよ。

私の青春、返しなさい！

六二〇

大伴坂上郎女《おおとものさかのうえのいらつめ》

和歌

はじめより　長く言ひつつ
頼めずは
かかる思ひに
あはましものか

原文

従㆑元　長謂管
不㆑令㆑恃者
如是念二
相益物歟

現代訳

最初から　末永く愛すと言い続けて
期待させなかったならば　このような思いに
あわなかったことよ

用語

ずは：～ないならば。

まし：反実仮想の助動詞「まし」の連体形。

ものか：終助詞。ここでは強調を表す。

甘い言葉に騙された……

男なんて信用できない

解説

この歌は反歌（＝長歌の後ろに載せている、まとめの短歌）です。直前には「大伴坂上郎女の怨恨《うらみ》の歌一首　と短歌」という題名で、「末永く愛しているとあなたが言うので、これまで男運が悪く、警戒していた心を許してしまった。頼りにしていたのに、邪神が二人の仲を引き離したのだろうか、それとも、世間の誰かが妨害しているのだろうか、あなたも使者も来なくなり、どうすることもできない。泣き続けてあなたの使者を待っています」という歌（六一九）があります。

約束を守れないのであれば、最初から「ずっと愛してる」なんて言わないでほしかった……と恨んでいるのです。ただし、そう言わなければ、心を許さなかったのでしょうし、その男の言葉になびいてしまったのは紛れもない事実。お気の毒ですが、そういう男だったんだ、とざんねんながら諦めるしかないでしょうね。

ちなみに、坂上郎女本人の体験談ではなく、郎女が、娘大嬢《だいじょう》の代わりに詠んだのでは、とも言われている歌です。もしそうであれば、この大嬢の相手は大伴家持《おおとものやかもち》（一二六ページ参照）です。

物思ふと　人に見えじと
なまじひに　常に思へり
ありぞかねつる

アイツのこと
全然好きじゃないし―

和歌 原文

六一三　山口女王《やまぐちのおおきみ》

物念跡《物思ふと》
人尓不」所」見常《人に見えじと》
奈麻強尓《なまじひに》
常念弊利《常に思へり》
在曾金津流《ありそかねつる》

現代訳

物思いをしていると
人に見られまいと
無理に　普通に振る舞う
とても生きられそうに
ないのに

解説

「本当は死にそうなくらいつらいの……。だけど『恋で悩んでボロボロじゃん』なんて、周囲の人に思われたくないわ。だから、無理に平静を装っているの。つらい心を見透かされたくなんてないから。だけどね、本当は生きていられそうもないの……」

あー、邪魔くさい女ですね。はい、出た、かまってちゃん。見透かされたくないなら、黙って元気に振る舞いなさい。もしくは、強がりだけ言ってなさい。それができないならば、最初から素直に弱いところを見せるほうが、よっぽどマシ。

そんなこと言われたら、余計気にしなきゃいけなくなりますよね。最初は心配されても、毎回これじゃ「あ、また始まった」って、そのうち相手にしてもらえなくなる可能性が高いです。ちなみに、これは山口女王が大伴家持に送った歌。他にも「声をあげて激しく泣いています」などと訴えた歌も（これは素直でマシ）。

用語

「見えじ」の「じ」：打消意志の助動詞。　**なまじひに**：できもしないのに。無理に。
常：普通・平常。　**あり**：生きる。　**そ**：《上代語》強意の係助詞。　**つる**：完了の助動詞「つ」の連体形。
V＋かね：Vできない。「かね」は「かぬ」の連用形。

なかなかに なにか知りけむ
我が山に 燃ゆる火の気の
外に見ましを

遠くから見ているだけで
よかったのに

三〇三三　作者未詳

和歌

なかなかに　なにか知りけむ　我《わ》が山に　燃《も》ゆる火《ほ》の気《け》の　外《よそ》に見ましを

原文

中〻二　如何知兼　吾山尓　焼流火気能　外見申尾

現代訳

中途半端に　どうして
知り合ったのだろう
私の山に　燃える
煙のように　遠くに見れば
よかったのになあ

解説

苦しい恋のために、知り合ったことを後悔する歌です。「こんなことなら、遠くから見て憧れているだけのほうがよかった」という気持ちもわからなくはないですが、付き合えたからこそ、この歌が詠めたわけで。自分の気持ちも伝えることができずに、見ていることしかできなかったほうがつらいかと。

「うまくいかないときや、別れたときに苦しいかもしれないけれど、恋仲になれただけでも幸せだと思え」と、好きな人と付き合えなかった人からは思われること間違いないですね。

ちなみに、この歌は作者未詳のため、本当は性別不明です。本書では、勝手に「詠み手が女性」ということにして扱いましたので、ご承知おきください（各章の歌の数のバランスのために、とりあえず女性にした、なんてことは決してありま……すみません、お許しを）。

用語

なかなかに…中途半端に。　**けむ**…過去原因推量の助動詞「けむ」の連体形。
外に…遠くに。　**まし**…仮想の助動詞「まし」の連体形。
文末の「を」…詠嘆を表す間投助詞。

里人も　語り継ぐがね
私が死んだら
よしゑやし　恋ひても死なむ
アナタのせいだから
誰が名ならめや

二八七三　作者未詳

和歌

里人も　語り継ぐがね　よしゑやし　恋《こ》ひても死なむ　誰《た》が名ならめや

原文

里人毛　謂告我祢　縦咲也思　恋而毛将」死　誰名将」有哉

現代訳

里人も　語り継いでほしい
もうどうでもいいよ
恋い死んでしまおう
（あなた以外の）誰の
名前が立とうか

解説

この歌は、「私が恋に苦しんで死んだならば、あなたが原因だと噂されることは間違いないでしょうね」と脅しています。こんな風に「死」をほのめかして脅迫するのは、本当にやめてほしいですね。

こんなことを言って、その後うまくいくとは到底思えません。ひとまず戻ってくれても、「こんな危険人物、一刻も早く別れたい」と思われてしまうだろうな、としか思えないのは、私だけでしょうか。

三句目の「よしゑやし」は、捨鉢のやけくそになったときに発する感動詞です。よって、この詠み手は、もうわけがわからなくなってい る状態で詠んでいます。正常に判断ができなくなるほど悩んでいるのでしょうが、どうか、冷静になってほしいです。

ちなみに、この和歌も作者未詳で性別不明です。連続で勝手な決めつけ、本当にすみません。男性かも、です（でも、たぶん女性）。

用語

がね：希求を表す文末用法。　**よしゑやし**：「よし」は「どうでもいい」という放任の気持ち。「ゑ」は不快な気持ちを表す間投助詞。「やし」は《上代語》で、間投助詞「や」＋副助詞「し」。語調を整え詠嘆の意を表す。　**む**：意志の助動詞。　**ならめや**：「なら」は断定の助動詞「なり」の未然形。「め」は推量の助動詞「む」の已然形。「や」は反語の終助詞。

さし焼かむ
放火してやる
小屋の醜屋に
腕を折ってやる
かき棄てむ
破れ薦を敷きて
打ち折らむ
醜の醜手を（後省略）

あそこに小屋があるの、見えますか？　そうそう、あの小汚くてセンスのかけらもない、忌々《いまいま》しい貧弱な建物です。

大人の女性たるもの、もっときれいにしておくべきだと、私は思うのですけど……。住んでる人の品性が知れるわね。

きっと、小屋の中も汚く散らかっていて、お布団も破れているのでしょう。

そして私の夫は今ごろ、そんな汚いお布団の上で、女の汚い手を握っているのでしょう。

ちょっと私、今からあの小汚い小屋に、行ってきますわ。あなた、少し離れていたほうが、よろしいかと思いますわよ。

三二七〇

作者未詳（女）

和歌

さし焼かむ　小《を》屋《や》の醜《しこ》屋《や》に
かき棄てむ　破《や》れ薦《ごも》を敷きて　打ち折らむ
醜《しこ》の醜《しこ》手《て》を

原文

刺将㆑焼　小屋之四忌屋尓
掻将㆑棄
破薦乎敷而　所挌将㆑折
鬼之四忌手乎

現代訳

火をつけよう　汚い貧しい小屋に　棄てよう　破れた
布団を敷いて　折ってしまいたい　汚らわしい手を

用語

「さし」「かき」「うち」：接頭語。

「焼かむ」「棄てむ」「折らむ」の「む」：意志の助動詞。

嫉妬が女を狂わせる

犯罪者にはならないように、冷静に…

解説

この歌には続きがあります。「(醜の醜手を)さし交《か》へて　寝《ぬ》らむ君故《ゆゑ》　あかねさす　昼はしみらに　ぬばたまの　夜はすがらに　この床《とこ》の　ひしと鳴るまで　嘆きつるかも(〈汚らわしい手を〉交えて　今頃寝ているであろうあなたのせいで　昼は一日中　夜は一晩中　この床が　ぴしっと鳴るくらい　ため息をついたよ)」

夫が愛人の家に行って、今頃あんなことやそんなことやイチャイチャしているであろうことを妄想している女性が、激しく嫉妬して詠んだ歌です。和歌中に三度使われている「醜」は、汚いものをあざけりののしっていう語。愛人の家も手も、何もかも、妻にとっては汚らわしくてたまらないのです(そりゃ、そうでしょうね)。

本当に実行すれば、放火罪や傷害罪、器物損壊罪に問われます。嫉妬の感情は、人をここまで狂わせてしまうものなのです。

ちなみに、この女性は、この後(三二七一)に「こんな忌々《いまいま》しい男に惚れこんでいるのも、他の誰のせいでもなく、自分の心のせいなのもわかっているのよね……」という歌も詠んでいます。

夕占にも　占にも告れる
今夜だに　来まさぬ君を
占いなんてウソ
アイツ来ないじゃん
何時とか待たむ

二六一三　作者未詳（女）

和歌

夕占《ゆふけ》にも　占《うら》にも告《の》れる　今夜《こよひ》だに　来《き》まさぬ君を　何時《いつ》とか待たむ

原文

夕卜尓毛　占尓毛告有　今夜谷　不ㇾ来君乎　何時将ㇾ待

現代訳

夕暮れ時の占いにも　ほかの占いにも（「待ち人来る」と）結果が出た　今夜さえいらっしゃらないあなたをいつ（来ると思って）待てばよいのだろうか

解説

「夕占」というのは、言霊《ことだま》の活動が最も盛んになると考えられていた夕暮れ時に、辻に立って、行き交う人の言葉を聞いて吉凶を占うことです。「占」は、ここでは夕占の他の占いで、たとえば、鹿や猪などの肩甲骨を焼いて、できたひび割れによって吉凶を占いました。

詠み手は、どうやら最近彼氏とうまくいっていないようです。全然逢いに来てくれません。そこで、いくつか占いをしてみたところ、どの占いでも「〇日に、彼氏が来るはず」という結果が出たのです。その日になり、ワクワクしながら彼氏の訪問を待っていました。なのに～～な～ぜ～～♪……彼氏は来なかったのです。そんな彼女に私からざんねんなお知らせです。「来る」と出た今夜さえ来ないのであれば、きっと、いつまで待っても来ないでしょう……。

占いは、あくまで占いです。信じるも信じないもあなた次第。

用語

告れる：「告る」は、占いの結果が出ること。「る」は完了の助動詞「り」の連体形。

来まさぬ：「まさ」は、尊敬の補助動詞「ます」の未然形。「ぬ」は、打消の助動詞「ず」の連体形。

む：推量の助動詞「む」の連体形。

上野　佐野田の苗の　群苗に
事は定めつ　今はいかにせも

占いで結婚相手
決められちゃった

三四一八　作者未詳

和歌

原文

上野《かみつけの》
可美都気努
佐《さ》野《の》田《だ》の苗《なへ》の
佐野田能奈倍能
群《むら》苗《なへ》に
武良奈倍尓
事は定めつ
許登波佐太米都
今はいかにせも
伊麻波伊可尓世母

現代訳

上野の
佐野の田の苗の　群苗で
（占った結果）
事〔＝結婚相手〕は決まった
さあどうしよう

解説

この歌は、「結婚相手を占いで決められた」という衝撃的な歌です。そんな大事なことが占いで勝手に決められてしまうなんて、ざんねんを通り越して、勘弁してくれ状態ですよね。

「群苗」は伝未詳なのですが、おそらく田植えのときに、無作為に握った本数や、苗が長いか短いか、などで占ったのではと考えられています……超適当過ぎてびっくりです。絶対イヤなんですけど……。

ただし、「勘弁してくれ」なのは、なにも占ってもらった側だけではなく、勝手に相手に選ばれてしまったほうは、もっと思いますよね。

現代人には信じられないかもしれませんが、昔は、今よりもっと、占いが生活に密接に関係していて、重要視されていました。現代だと、占い好き＝どちらかと言えば、女性のほうが多いイメージがあるかと思われます。ですが、昔は、男性も占いに夢中。仕事や行事も占いが超重要。当時は、占いが国の将来をも導く大切な道しるべでした。

用語

上野：現在の群馬県。　**佐野**：現在の群馬県高崎市東南のあたり。　**群苗**：未詳。占いの一種と考えられる。
つ：完了の助動詞。　**せも**：「せむ」の訛《なま》り。「せ」はサ変動詞の未然形。「む」は意志の助動詞。

山背の　久世の若子が
欲しと言ふ我　あふさわに
我を欲しと言ふ　山背の久世

そんなに私が
欲しいか若者よ

二三六二　作者未詳（女）

和歌

山背《やましろ》の　久世《くせ》の若子《わくご》が　欲しと言ふ　我《われ》
あふさわに　我《われ》を欲しと言ふ　山背の久世

原文

開木代　来背若子　欲云余
相狭丸　吾欲云　開木代来背

現代訳

山城の　久世の若者が　欲しいと言う私　気安く
私を欲しいと言う　山城の久世（の若者よ）

解説

この歌の詠み手は、プライドの高い女性。山城の国の久世に住む若者が、この女性のことを好きになり、無謀にも求婚しました。「誰に言ってるの？　え、もしかして、わたくしに⁉　このわたくしに⁉……ハアァ、私もナメられたものね。こんなひよっこに『きみが欲しい』なんて気安く言われるなんて……」女性のプライドはズタボロです。ショック過ぎて、つい口ずさんでしまった歌なのでしょうね。

プライドが高い年増女に、軽はずみにこんなことを言ってしまった久世の若者もざんねんですが、こんな和歌を詠んでいるこの女もざんねん。気持ちに応えるつもりなんてさらさらないのに、暴露して、結局「私、こんな若者からも告白されちゃうんです～」っていう自慢か？「この女、性格悪そう」と思うのは、私のひがみでしょうか？　う～ん、でも、この高飛車具合が、この若者にはたまらないのかもしれません。なら、需要と供給が一致しているから問題なし、か。

用語

山背：現在の京都府東南部。　**久世：**現在の京都府久世《くぜ》郡久御山《くみやま》町と城陽《じょうよう》市などのあたり。　**あふさわに：**深い考えもなく。気安く。

自分の無力さを、嘆いたことはありますか？

私はあります。

愛しいあの人は、流罪となりました。都から遠く離れた土地で、彼は人生を終えるのでしょう。もう、二度と会えない。

お上の決定を覆すような権力は、私にはありません。流刑地へと続く道を燃やし尽くしてしまうような、神通力があれば…。

酷《ひど》い世の中です。ううっ。

えっ!? 何？ 体が熱い。力がみなぎってくる……。

まさか、これが神通力？

あははは。私、何でもできちゃうわ。あなた、遠くには行かせないわよ。待ってなさいね。

君が行く
流刑地への
道の長手を
道を
繰り畳ね
焼き尽くせ
焼き滅ぼさむ
天の火もがも

三七二四

狭野弟上娘子《さののおとがみおとめ》

和歌

君が行《ゆ》く　道の長手《ながて》を
繰り畳《たた》ね
焼き滅ぼさむ
天《あめ》の火もがも

原文

君我由久　道乃奈我弖乎
久里多〻祢
也伎保呂煩散牟
安米能火毛我母

現代訳

あなたが行く　長い道のりを　手繰《たぐ》り寄せて
焼き滅ぼすような　天の火がほしい

用語

む：婉曲の助動詞「む」の連体形。
もがも：願望の終助詞。

なんでそうなるの!?
新婚早々の悲劇

解説

詠み手の狭野弟上娘子が、中臣朝臣宅守《なかとみのあそんやかもり》の妻となったとき、宅守は勅断《ちょくだん》（＝天皇が裁いて決定を下すこと）で越前国（＝現在の福井県）に流されました。二人は別れを悲しみ嘆き、六十三首もの歌を詠み交わしました。この歌は、そのうちの一首です。

都から流罪になるときに、「今から行かなければいけない流刑地への長い長い道のりを、手繰《たぐ》り寄せて焼き尽くしてしまいたい」と詠みました。そうすれば、夫は行けなくなって、このまま一緒にいられるのに、と。「天の火」を願っていますから、人間の力を超えるほどの威力にすがるほどの悲痛ですね。新婚早々、ざんねんなことです。

流されてから約二年後に大赦《たいしゃ》（＝恩赦《おんしゃ》の一種。「恩赦」とは、確定した刑の全部、もしくは一部を消滅させること）が実施され、越前国からも数人都に戻りましたが、宅守は許されませんでした。娘子は早合点をしてしまい、「（越前から）帰ってきた人が着いたと聞いたので、もう少しで死ぬところだった。あなたかと思って」という和歌を詠んでいます。本当にざんねんで、絶望したことでしょうね。

からたちの　茨刈り除け
倉建てむ　屎遠くまれ
おばさん
ここでうんこしちゃダメだよ
櫛造る刀自

三八三二

忌部首《いんべのおびと》

和歌

からたちの　茨《うばら》刈り除《そ》け　倉建てむ　屎《くそ》遠くまれ　櫛《くし》造る刀自《とじ》

原文

枳棘原苅除曽気倉将レ立屎遠麻礼櫛造刀自

現代訳

からたちの木の
とげを刈り除いて
穀倉を立てよう
屎は遠くにいって排泄せよ
櫛を作るおばちゃんよ

解説

おばちゃん、我慢できませんでした。急激な腹痛に襲われてしまったのかもしれません。からたちが生えているところで「スッキリしよう」とふん張っていたのです。絶対誰にも見られたくなかったでしょうに、忌部首に見られ、こんな和歌まで詠まれて、最悪極まりないです。できれば、見なかったことにしてほしかったでしょうね。

それにしても、和歌に「う○こ」って……ざんねんです。とはいえ、だからこそ、「優雅な貴族ばかりの、とっつきにくいものではない」ということをご理解いただけたのでは、と思われます。ちなみに、「刀自」は、もともと主婦を尊んでいう言葉ですが、ここでは卑賤《ひせん》な女性に対してギャグ的に呼びかける趣で使用しています。

忌部首は伝未詳ですが、「忌部首黒麻呂《くろまろ》ではないか」という説も。他の黒麻呂の歌は普通の歌なので、どうでしょうか。もしそうなら、「う○この人」の印象しか残らなそうなので、伝未詳のままで。

用語

からたち：みかん科の落葉低木。鋭いとげがある。　**茨**：とげがある植物の総称。
除《そ》け：「除《そ》く」（のける）の連用形。　**む**：意志の助動詞。　**まれ**：「まる」（大便・小便を排泄する）の命令形。
刀自：ここでは、冗談で卑賤な女性に対する呼びかけの語。

これも万葉集 三

好きな人に振り向いてもらうため私は老婆に変装をした

大伴《おおともの》田主《たぬし》くんという風流人がいました。誰もがうっとりするくらいの雅やかな超イケメン。そんな田主くんに夢中の石川《いしかわの》郎女《いらつめ》ちゃん。田主くんとの同棲をいつも妄想し、独り寝のつらさを悲しみました。ラブレターを出すにも、良いつてがおらず（昔は仲介役が必要）、それすらできない郎女ちゃん。思い余って、なんと自分から夜に田主くんの家まで押しかけました！

ですが、何を血迷ったのか、この郎女ちゃん、老婆に変装して押しかけたのです。しかも、土鍋を持ち、老婆の声色《こわいろ》まで作り、「隣の貧しい女が、火種が欲しくて来たぞよ」と言ったとかなんとか。

暗すぎて、田主くんは変装にまったく気づかず、ご希望の火種をあげてそのまま帰しました。あえなく撃沈。そこで田主くん宛に贈った歌。「みやびをと　我は聞けるを　やど貸さず　我を帰せり　おそのみやびを（風流人だと　私は聞いていたけど　泊めもしないで　私を帰したわね　この間抜けな風流人が！）」（一二六）。でもね、田主くんからしたら「オレ、悪くなくね？」っちゅう話。

4章 哀れな男

来て見べき
誰も見に来ないし
人もあらなくに
散っていいよ
我家なる
ごめんね
梅の初花
散りぬともよし

ごめんね、まだ咲いたばかりで申し訳ないんだけど、散ってもいいよ。

　無駄なんだよ！　だって、誰も見に来ない。美しい花も、人に見られなきゃ意味がない。きみは無意味なことをしている。

　もしきみが、息をのむように美しい満開の花を咲かせたとしよう。誰もが見に来たくなるはずだろう？

　ふふっ。でも、誰も来ない。それは俺に魅力がないからだ。誰も俺と一緒に時間を過ごしたいと思わないからだ。

　きみが美しければ美しいほど、俺はみじめな思いをするだろう。

　だから散ってくれ。頼む。

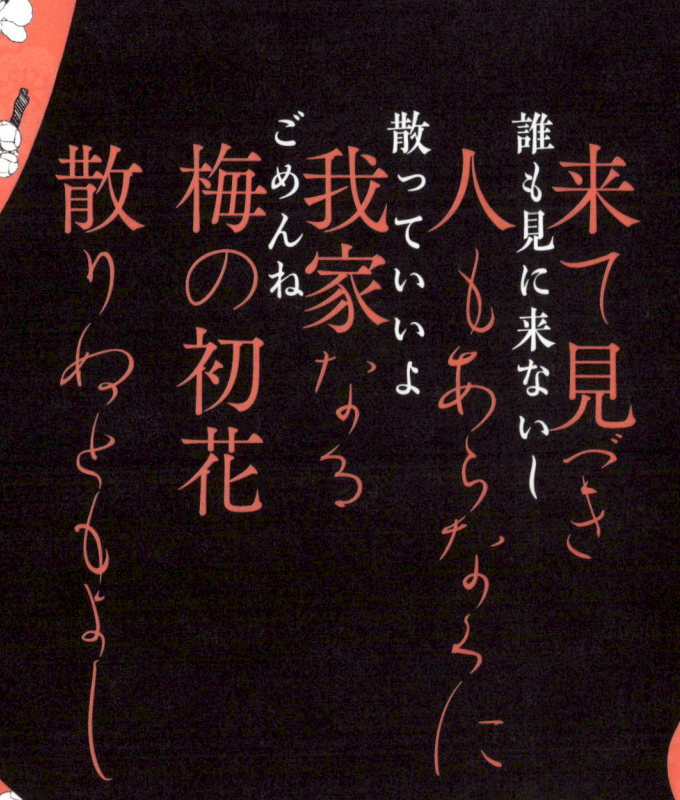

二三二八

作者未詳

和歌

来て見べき　人もあらなくに　我《わぎ》家《へ》なる　梅の初《はつ》花《はな》　散りぬともよし

原文

来可レ視　人毛不レ有尓　吾家有　梅之早花　落十方吉

現代訳

見に来てくれるであろう　人もいないので
我が家にある　梅の初花よ　散ってもよいぞ

用語

なくに：ここでは「〜ないので」の意味。打消の助動詞「ず」のク語法「なく」＋助詞「に」。

なる：存在の助動詞「なり」の連体形。

なんてことだ…俺って、

そんなに嫌われてたのか

解説

現代で「花見」といえば「桜」ですよね。奈良時代では「梅」でした。今では、梅は日本でも普通に見かける花ですが、当時はとても珍しい花です。「梅」は中国が原産の植物。飛鳥～奈良時代にかけて、遣唐使によって伝来したといわれています。一般人が目にすることはまだまだなく、梅の花見は貴族たちが楽しむ行事でした。「令和」の出典となった「梅花の宴」も、大宰帥《だざいのそち》（＝大宰府の長官）である大伴旅人《おおとものたびと》の邸宅で行われた花見の宴です。大宰府が海外との窓口になっていたため、長官である旅人は、この珍しい梅の木を比較的手に入れやすかったのでしょう、邸宅の庭に植えていたのです。そして、三十一人の部下を招待して盛大な花見をしました。

さて、前置きが長くなりましたが、そんな、そんな珍しい貴族たちがこぞって愛した梅の花なのに！　この詠み手の家には誰も来てくれなさそうなのです。なにゆえ!?　作者未詳のため、あくまで類推ですが、よっぽど嫌なヤツだったのでしょう。めっちゃ嫌われてる～！　なんとも悲しいざんねんな歌です。

ある人のあな心なと
秋の夜長は
一人だと本当に長いよ
思ふらむ秋の長夜を
寝覚め伏すのみ

二三〇二　作者未詳

和歌

ある人の
あな心なと
思ふらむ
秋の長《なが》夜《よ》を
寝《ね》覚《さ》め伏《ふ》すのみ

原文

或者之
痛情無跡
将レ念
秋之長夜乎
寤臥耳

現代訳

ある人が
ああ気が利かないなあと
思っているであろう
秋の長い夜を
眠れずに寝ているだけ

解説

省略が多すぎるので、現代訳を読んでもあまり意味がわからないかと思われます。まず、初句の「ある人」というのは、恋人がいて、夜一緒にラブラブで過ごすことができる人。「秋は夜が長い」と言われていますが、そういうリア充たちにとっては、その秋の夜の長さすら「短い」と感じてしまうだろう、と上の句で詠んでいます。朝になれば男性は帰らなければいけませんので、この歌では「夜」を擬人化して、「気が利かないやろうだな、まったく」と、夜を恨んでいるのです。

そんなリア充もいるのに、この詠み手には恋人がおらず、独り寝をしているのです。「ただでさえ長い秋の夜なのに、独りで寝ていると、長すぎてたまらないんですけど……」という歌です。

同様の趣旨の歌として「秋の夜は長いというが、積もっていた愛を語らうには短いなあ」（二三〇三）、「ほととぎすが鳴く五月の短い夜でも、独り寝だと明かしかねるよ」（一九八一）などがあります。

用語

あな心な：「あな（感動詞）＋形容詞の語幹」の詠嘆用法。「心な」は形容詞「心なし」（思慮のない・気が利かない）の語幹。**らむ**：現在推量の助動詞。**寝覚め**：「寝覚む」（眠れずにいる）の連用形。

な行きそと　帰りも来やと

本当に行っちゃうけど

顧みに　行けど帰らず

引きとめないの？

道の長手を

三一三二　作者未詳（男）

和歌

な行《ゆ》きそと
帰りも来《く》やと
顧《かへり》みに
行けど帰らず
道の長《なが》手《て》を

原文

莫去跡
変毛来哉常
顧尓
雖レ往不レ帰
道之長手矣

現代訳

行かないでと
追いかけてこないかなと
振り返っては
行くが追ってこない
長い道のりなのに

解説

この歌は、これから長い道のりの旅に出る男が詠んだ歌です。二句目と四句目の「帰る」は、詠み手を見送ってくれた女性が、別れた後、部屋に戻りかけて、また自分のもとに追いかけて帰ってきてくる、という意味で用いています。つまり、「帰りも来やと」ではなく「追いても来や」ということです。でも、「帰らず」＝「追いかけてこない」のです。「行っちゃうよ、本当に行っちゃうよ。……もう知らないから」と言いつつ、追いかけてきて引きとめてくれるのを待っている人と同じですね。でも、相手は「どうぞどうぞ。いってらっしゃーい」という感じなのでしょう。これはざんねん。引きとめてもらえない、追いかけてもこない、というね。はたから見たら笑っちゃうんですけど、本人は大きく落胆したと思われます。

相手が追いかけてくること前提で、ケンカの途中で部屋を飛び出したりする人がいますが、こうやって追いかけて来てくれなければそこで終了です。相手を試すようなことをして後悔しないように。

用語

な～そ：「～しないでおくれ」という禁止の意味。　を：ここでは逆接的用法。

白髪し　児らも生ひなば
かくのごと　若けむ児らに
罵らえかねめや

あんたらも老けたら
若い子におちょくられるって

114

三七九三　老翁《おきな》

和歌

白《しろ》髪《かみ》し　児《こ》らも生《お》ひなば　かくのごと　若けむ児《こ》らに　罵《の》らえかねめや

原文

白髪為　子等母生名者　如レ是　将二若異一子等丹　所レ詈金目八

現代訳

白髪が　あなたたちにも
生えたならば
このように　若い者たちに
あざけり罵《ののし》られないで
済むものか

解説

昔、翁《おきな》が丘に登ると、料理をしている美しい乙女（仙女）が九人いました。その乙女たちが、からかい半分に「おじさん、こちらへいらっしゃい」と言ったので、翁は近寄り席に着きました。しばらく経って、乙女たちが「誰がこのおじいさんを呼んだの？」と口々になじってきたのです。翁が恐縮して、「思いがけず仙女さまに会えました。厚かましく近寄った償いのために歌を詠みましょう」と言い、「（中略）若いときには自分にも乙女が靴下をくれたりした。気づけばこんなに年をとって、あんなに華やかにモテていた私が、皆さんから『本当かしら？』と思われているのだろうな」と長歌を詠みました。続けて、「死んだなら見ずに済むだろうけど、生きていたら皆さんにも白髪が生える」という短歌を詠み、さらに、見出しの歌を詠んだのです。

翁の「負け犬の遠吠え」とも取れますが、「老い」は誰にも来るもの。それをあざけるとは、この仙女たちも十分ざんねんです。

用語

「白髪し」の「し」：強意の副助詞。訳出不要。「AしBば」の形が多い。　なば：完了の助動詞「ぬ」の未然形＋接続助詞「ば」。「未然形＋ば」＝順接仮定条件。　罵らえ：「罵る」（あざけりののしる）の未然形＋「ゆ」（《上代語》受身の助動詞）の連用形「え」。　～かねめや：「～しないで済むものか」の意味。

白玉は人に知らえず
知らずともよし
知らずとも
我し知れらば
知らずともよし
俺って
本当は
すごいんだぜ

ホント、この辺のヤツらって、みんなバカだよねー。世の理《ことわり》も知らぬ。釈尊が説いた仏法も解せぬ。生きてて恥ずかしくないのかね。

　しかし世間の者は興味をもたぬ。聞く耳ももたぬ。愚かなことよのぅ。

　でもいいさ、俺のすごさは俺がわかっている。すごいヤツのすごさは、すごいヤツにしかわからないものさ。

　おお、俺の話に興味があるのかい？　きみたちは相当な才能を持っているな。そういう面構《つらがま》えをしている。俺にはわかる。

　これから世の理を説いてしんぜよう。準備はいいかい？

一〇一八

元興寺《がんごうじ》の僧

和歌

白玉《しらたま》は　人に知らえず
知らずともよし　知らずとも
我《あれ》し知れらば
知らずともよし

原文

白珠者　人尓不レ所レ知
不レ知友縦　雖レ不レ知
吾之知有者
不レ知友任意

現代訳

真珠は　人に知られない　知らなくてもよい　知らなくても　自分が知っていたなら　知らなくてもよい

用語

白玉：真珠。

「知らえず」の「え」：《上代語》受身の助動詞「ゆ」の未然形。

「我し」の「し」：強意の副助詞。「AしBば」の形が多い。

らば：完了の助動詞「り」の未然形＋接続助詞「ば」。「未然形＋ば」＝順接仮定条件。

俺以外全員バカ

誰にも認められなくてもいいさ

解説

詠み手の元興寺の僧は、独りで覚《さと》りが開けるように修行をし、多く悟りを得ましたが、世間に知られていなかったので、人々はこの僧を軽んじました。そこで、この僧は、自分で我が身の才能の空しさを嘆いて、この歌を詠みました。

初句の「白玉」は、通常「真珠」の意味ですが、ここでは、作者自身をたとえています。つまり、「白玉は人に知らえず」とは、作者が「自分の真価が人に認められていない」と言っているのです。「我し知れらば」の「らば」は、「未然形＋ば」で、本来は「順接仮定条件」ですが、ここでは、「俺の才能は、自分がちゃんとわかっている」という確定的事実を仮定で表現しています。

自己肯定感が高いことはよいことですが、「独《ひと》りよがり」にはならないように気を付けなければ。ただ、悟りを開いた僧なら、人からの評価に一喜一憂しないはずなので、嘆いている時点でざんねんです。

ちなみに、このような歌の形式（五七七五七七）を「旋頭歌《せどうか》」といいます。ワルツのような感じですね。

松反りしひにてあれかも
さ山田の翁がその日に
求めあはずけむ
山田のじじいが
ボケたってよ

四〇一四　大伴家持

和歌

松反《がへ》り　しひにてあれかも　さ山田の　翁《をぢ》がその日に　求めあはずけむ

原文

麻追我敝里　之比尓弖安礼可母　佐夜麻太乃　乎治我其日尓　母等米安波受家牟

現代訳

心身のどこかに
異常をきたしたのか
山田の　じじいが
あの日に
探し出せなかったのだろう

解説

旧江村《ふるえのむら》（＝現富山県氷見《ひみ》市神代《こうじろ》のあたり）で、姿がとても美しい蒼《おお》鷹《たか》を捕まえ、大伴家持は大黒《おおぐろ》と名付けました。鷹狩をさせると抜群の上手さ。獲物を逃すことなく、追わせて戻ってくるのも自在で、「他にこんな素晴らしい鷹はいない」と、自慢の鷹でした。

ところが、鷹番の山田史君麻呂《やまだのふびときみまろ》という間抜けなじいさんが、家持の許可も得ずに大黒を使って鷹狩をしようとして、誤って逃がしてしまったのです。家持ショーック！　憤り、悲しみにくれました。

この歌は、そのときに詠んだ歌の中の一首。「山田のじじい」とは、もちろん君麻呂のことです。ものすごく口汚く詠んでいますが、大事な大事な鷹を逃がされてしまったのですものね。気持ちはわかります。

ちなみに、夢の中で娘子《おとめ》から「鷹は早ければ二日後、遅くとも七日以内に帰ってくる」というお告げが。ただ、この先の話は載っていないため、その後、大黒が帰ってきたのかどうかは不明です。

用語

松反り：「しひ」にかかる枕詞と考えられている。**しひ：**「しふ」（感覚器官に異常があり機能しなくなる）の連用形。**あれかも：**疑問を表す。**けむ：**過去推量の助動詞。

さす鍋に湯沸かせ子ども
キツネに熱湯
櫟津の檜橋より来む
かけちゃうもんね
狐に浴むさむ

三八二四　長忌寸《ながのいみき》意吉麻呂《おきまろ》

和歌

さす鍋に　湯沸かせ子ども　櫟《いちひ》津《つ》の　檜《ひ》橋《ばし》より来《こ》む　狐《きつね》に浴《あ》むさむ

原文

刺名倍尓
湯和可世子等
櫟津乃
檜橋従来許武
狐尓安牟佐武

現代訳

注ぎ口のある鍋に
湯を沸かせ皆の者　櫟津《いちひつ》の
檜《ひのき》で造った橋から
コンと鳴いて来るであろう
狐に浴びせよう

解説

あるとき、大勢で集まって宴会をしていました。深夜零時頃に狐の声が聞こえてきたので、皆が詠み手の意吉麻呂に「飲食用の器、種々の器、狐の声、河の橋などの物に関連させて歌を作れ」と言ったところ、即座にこの歌を作った、とのことです。四句目の「来む」に、狐の鳴き声「コン」をかけています。

よかった!!　実際に、狐を襲うつもりで詠んだわけではなさそうです。現代でも動物虐待をする輩《やから》がいますが、本当に許せません。私も動物の命をいただいて生きている分際ですが、快楽のための虐待・殺生のニュースを耳にするたび、非常に憤慨、心痛します。

もしもの話ですが、心の底から大好きな人が動物虐待をしていると知ったら、知った瞬間、この世の果てほど大嫌いになること間違いありません。なんなら、座興だとしても、こんなざんねんな和歌を詠んだ時点で好きな気持ちは冷めそうです。

用語

さす鍋：注ぎ口のある鍋。　**子ども**：年下や目下の親しい人に対する呼びかけの語。　**櫟津《いちひつ》**：奈良県大和郡山市櫟枝《いちえだ》町のあたりと考えられている。　**浴むさむ**：「浴むさ」は「浴むす」（浴びせる）の未然形。「む」は意志の助動詞。

難波江に、隠れて住んでいる葦蟹《あしがに》（＝淡水に生息する「もくずがにか」）がいました。その葦蟹に、なんと大君からお呼びがかかったのです。びっくりした葦蟹。「どうして自分が大君から呼ばれるのだろう？　歌人として呼ばれたのかな？　笛吹きとして呼ばれたのかな？　それとも琴を弾くために？　なにはともあれ、大君からの光栄なお呼び出しをお受けしなくっちゃ♪」と、大君がいらっしゃる明日香に出かけていきました。

宮中の御門から参上して、仰せを伺うと……アレ？　どうして胴を縛って吊るしてるの？　にれの木の白皮を干して粉末にしたものが調味料なんだ。くくられて、毎日日干しにされ、唐臼《からうす》でつかれ、庭にある手臼《てうす》でつかれて粉になり、難波江で製塩された濃い食塩水を垂らされた……。陶器の甕《かめ》に入れられて、私の目に塩を塗ってくださいました。塩漬けをご賞味なさるのだなあ。

以上が、「蟹のために悲嘆を述べて作った一首」（三八八六）として、載っている歌です（注：ちょこっと意訳しています）。

ねえ本当に僕を食べるの？

5章 ざんねんな人々

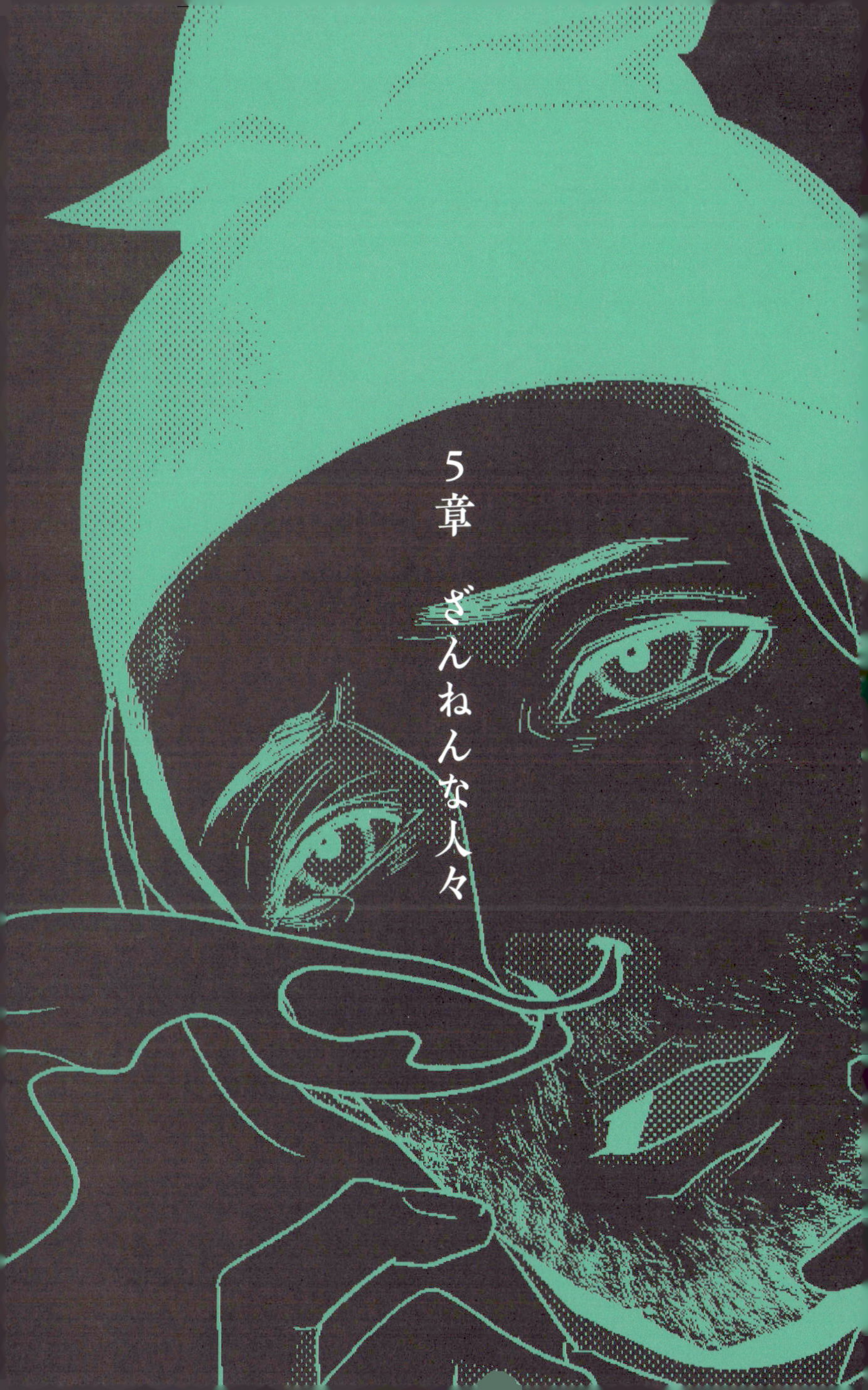

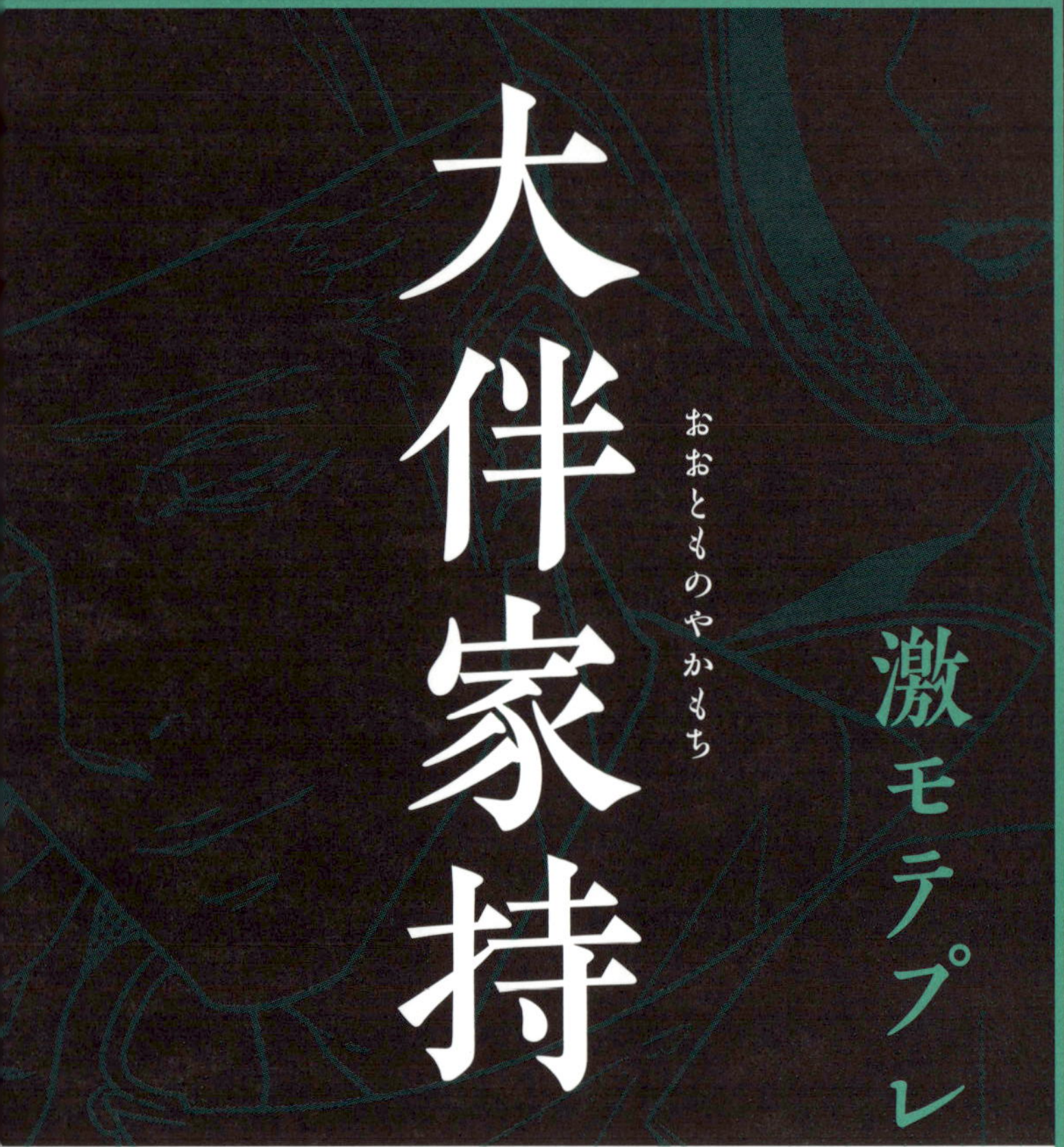

大伴家持《おおとものやかもち》

激モテプレイボーイ

『万葉集』の編者の一人。大伴旅《おおとものたび》人《と》の長男。叔母（旅人の異母妹）は大《おお》伴《ともの》坂上《さかのうえの》郎女《いらつめ》で、その娘の大伴《おおともの》坂上大嬢《さかのうえのだいじょう》を妻とする。

七四六年に越中守《えっちゅうのかみ》となり任地に赴く。着任早々弟の訃報が届く。本人も病気になり死にかけるが快復。七五一年に少納言となり帰京。七五四年に兵部少輔となる。七五五年に防人《さきもり》の検校〔調査・監督〕のために難波に赴く。

その後、藤原仲麻呂《ふじわらのなかまろ》が権力を握り、家持は仲麻呂を疎んじながらも中立の立場をとるが、七五八年に左遷（?）され因幡守《いなばのかみ》となる。七八五年に六十八歳で没。

約四五〇〇首が収録されている『万葉集』。その編者の一人として有力なのがこの人、大伴家持です。そりゃそうです。だって、この人の和歌、四七九首収録されているのですから。一割以上ですよ！　全二十巻あるうち、巻第十七〜二十の四巻なんて、ほとんど家持関係の和歌ばっか。職権乱用ならぬ特権乱用です。

相当図太い性格だったんじゃないかと勝手に思っています。絶対周囲の人から、「え？　そんなに自分の歌載せちゃう!?」って思われたりしてそうですよね。でも、お構いなし♪　ブレない厚かましさを持っていたんだろうな、と。それはそれで良いかもしれませんね。

そして、家持は女性にモテモテ。その証拠に、いろんな女性からもらったラブレターを、『万葉集』にたくさん載せているのです……って、おいっ！　ちょっと待て。女性が勇気を出して、一生懸命書いたであろうラブレターを晒《さら》すとは、モテたか知らないけどざんねんな男だわ〜。自慢なの？　何なの!?　どういう神経してるんだか。ま、エリート豪族のボンボンですからね。たぶん悪気なしの素《す》でしょうね。

富山県高岡市の二上山山頂近くにある大伴家持像

口説いた女がめんどくさい

なかなかに
黙もあらましを
なにすとか
相見そめけむ
遂げざらまくに

きみ、一つだけ忠告してやるよ。あんまり気軽に女を口説くもんじゃないぜ。

いいなって思う娘がいたとするじゃん。口説いて、まぁ、男女の仲になるよな。そのときは、燃え上がってるからいいよ。

問題はその後だ。だいたい、めんどくさくなる。

でもさ、こっちが冷めてるからって、なかなか言えないだろ？顔にも出せないだろ？

だんだん歌を返すのもおっくうになってきた。でも、向こうからはどんどん来る。気が重いったらありゃしないぜ。

結婚できないのに、なんで口説いちゃったんだろう。

六一二

大伴家持

和歌

なかなかに
黙《もだ》もあらましを
なにすとか
相《あひ》見そめけむ　遂《と》げざらまくに

原文

中〻者
黙毛有益乎
何為跡香
相見始兼　不レ遂尔

現代訳

いっそ　黙っていればよかったなあ　どういう理由で
逢いはじめたのだろうか
最後まで愛しぬくなんてできないであろうに

用語

なかなかに：いっそ。

黙《もだ》：黙っていること。

あらまし：事実に反して「仮にこうならよかったなあ」と希望する気持ち。

を：間投助詞。文末に用いると「感動・詠嘆」を表す。

V＋そむ：Vしはじめる。

けむ：過去原因推量の助動詞「けむ」の連体形。

ざら：打消の助動詞「ず」の未然形。

まく：《上代語》未来推量を表す。

に：《上代語》間投助詞。感動・強調を表す。

返歌してないのに歌が来る…

モテる男はつらいよ

解説

『万葉集』の編者の一人である大伴家持は、とにかくモテモテだったようで、いろいろな女性と関係を持っています。その一人に、笠郎女《かさのいらつめ》という女性がいました（家持と関係を持っていたこと以外は伝未詳）。

家持のことが大好きだったのでしょう。二十四首の和歌を家持に贈っています。二十四という数は、きちんとお互いにやり取りしているならば、別に多いわけではありません。ですが、ざんねんなことに、ほぼ一方的に送り付けているのです。家持はたった二首しか返歌をしていません（かなりのマナー違反）。そのうちの一首がこの歌です。

この歌からわかるように、最初に声をかけたのは家持なのです。自分から口説いていながら、もう熱が冷めてしまい、声をかけたことを後悔しているのです。モテたのかもしれませんが、けっこうヒドい男かと。

ですが、返歌がないことから、家持の気持ちを察して身を引いてもよいのに、ずっと二十四首も送り続けた笠女郎は、かなり粘着質なざんねんな女性にも思われます。……どっちもどっちですね。

かくしてや なほや退らむ
近からね 道の間を
なづみ参ゐ来て

二時間かけて来たのに追い返されるのか

七〇〇　大伴家持

和歌

かくしてや
なほや退《まか》らむ
近からぬ
道の間《あひだ》を
なづみ参《ま》ゐ来て

原文

如此為而哉
猶八将レ退
不レ近
道之間乎
煩参来而

現代訳

こうして
やはり追い返されるのか
近くない
道のりを
苦労して参上したのに

解説

大伴家持が娘子《おとめ》の家の門に着いたときに作った歌です。この娘子は未詳ですが、家持に心を開いていなかったようですね。家持も断られると予想していたようですが、案の定、追い返されちゃいました。

モテ男だった家持ですが、うまくいかない恋もあったのでしょう。家持の恋愛遍歴を知らず、この和歌だけ詠んでいれば、「長い道のりを、せっかく苦労して来たのに、かわいそうに」と思ってしまいそうです。ですが、家持くんは、数々の女性を泣かせてきているプレイボーイですから、「ざまあみろ。ちょっとは失恋の気分を味わったらいいわ」と思ってしまうブラックな私がいます。

とはいえ、家持も実際は、何度も失恋もしていたのかもしれませんね。「数打ちゃ当たる」精神だからこそ、あれだけモテたのかも。実は何度もこんな目にあっていて、本人は痛くもかゆくもない、とかだったりして。それはそれでどうかと思いますけどね。

用語

なほ：やはり。　**まかる**：貴人のもとから退出する。　**ぬ**：打消の助動詞「ず」の連体形。
なづむ：障害物などがあり行き悩む。苦しみながら前進する。

かくばかり恋ひつつあらずは
石木にも成らましものを物思はずして
悩むの疲れたし
石になりたい

七二二　　大伴家持

和歌

かくばかり
恋《こ》ひつつあらずは
石木《いはき》にも
成らましものを
物思はずして

原文

如是許
恋乍不ㇾ有者
石木二毛
成益物乎
物不ㇾ思四手

現代訳

こんなにも　恋しく
思い続けているくらいなら
いっそ　岩石や木にもなる
ほうがましなのだがなあ
物思いもしないで

解説

プレイボーイ家持くんの、またまた「僕もつらいんだ」アピールです。二句目の「恋ひつつあらずは」は、ここでは「恋ひつつあらんよりは」と同じ解釈で、「ずは」の上に望ましくない現在の事実を示し、それよりも「ずは」の下の内容のほうがましだという意味を表します。

つまり、「こんなにもつらい恋をし続けている」のが現実。それならいっそのこと、岩石や木になるほうがましだと言っているのです。岩石や木なら、こんなにつらい思いをしなくていいはずだから、と。

大学入試で「岩木ではない」（＝「非情なものではなく感情がある」）という表現の意味が問われることがあります（おもに平安時代以降の作品。奈良時代の『万葉集』『古事記』『日本書紀』などは大学入試ではあまり出題されません）。この和歌では「石木になりたい」という使い方をしていますが、感情の有無を表す表現に石木（岩木）を使うことは、『万葉集』の時代からあることがわかる歌です。

用語

石木：非情なもの、無心なもののたとえ。　**まし**：反実仮想の助動詞「まし」の連体形。
ものを：詠嘆を表す終助詞。

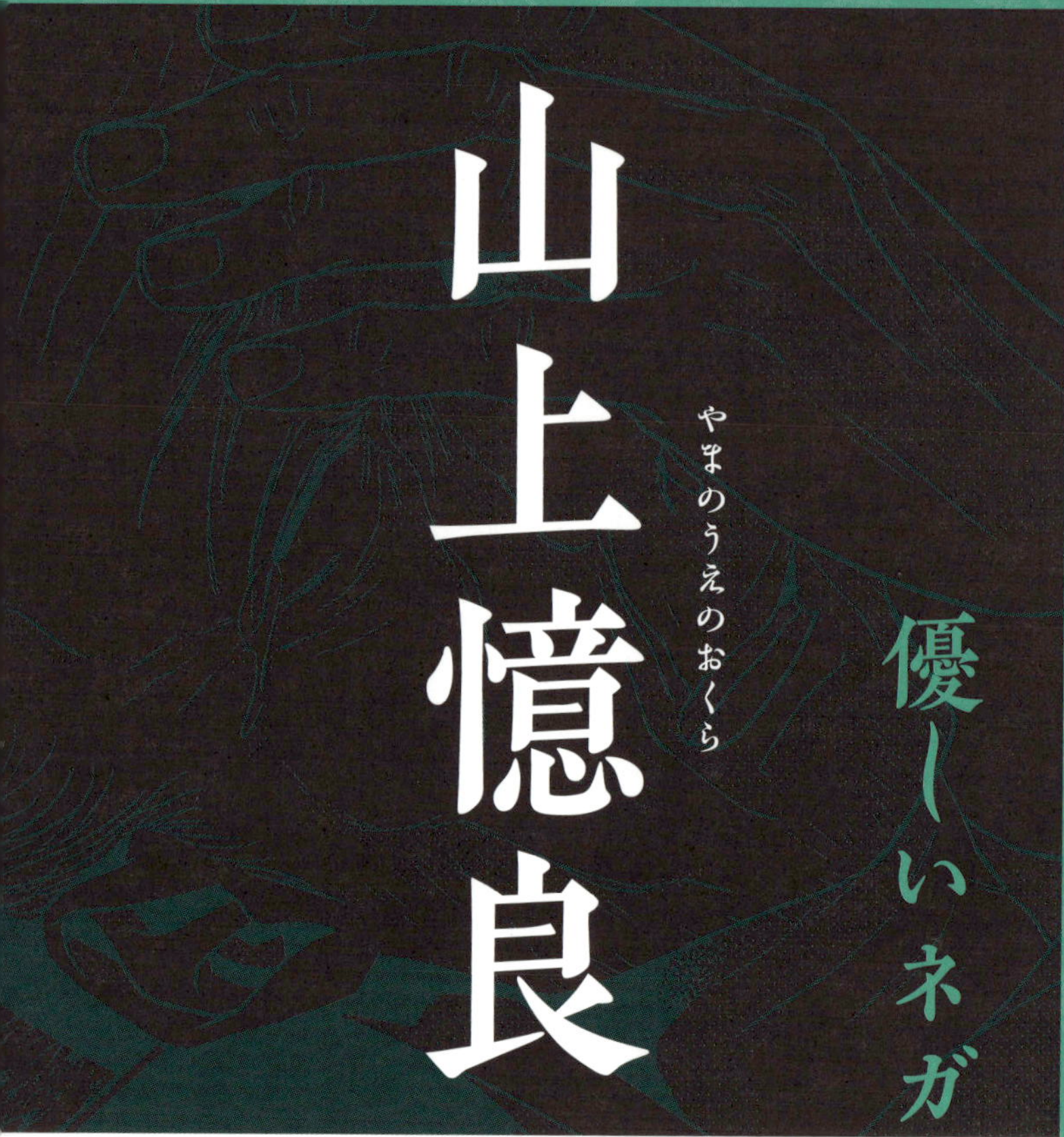

山上憶良《やまのうえのおくら》

優しいネガティブ男

七〇一年に遣唐少録（最下位の書記官）となり、七〇二年に渡唐。帰朝後、七一四年に従五位下の位を授かる。そのとき、なんと既に五十五歳。

その後、七一六年に伯耆守《ほうきのかみ》（現・島根県の役所の長官）、七二一年に東宮《とうぐう》（後の聖武《しょうむ》天皇）の侍講《じこう》（家庭教師のようなもの）となり、七二六年頃に筑前守《ちくぜんのかみ》に任じられ赴任。二年後大宰帥となった大伴旅人と交流し、たくさんの和歌をやりとりしている。

七三二年に帰京。御年七十二歳。翌七三三年頃に没したと考えられている。

山上憶良といえば「貧窮問答歌」が有名ですね。当時、恋愛や自然賛美などを題材とした歌が多い中、憶良は社会的題材の歌を詠みました。たしかに、そうです。ですが！ 私の中のこの人のイメージは「いい年こいて、ネガティブ思考満載のかまってちゃん」。

重病になったとき「狩りや魚釣りで殺生をしている者が、幸福なのはどういうことだ!? 自分は毎日、仏・法・僧を礼拝し、勤行してきたのに、どんな罪を犯した報いでこんな重病になるのか」と「つらいよ～」「よい医者いない」など、ぐちぐち長～い文を書いているのですが、途中に「今七十四歳」とあるのです。七十三歳に没しているとしたら、数え年でしょうか。何にしろ、当時、七十三、四歳で存命だなんて、超長生きですごいことです！ 病気は辛かったでしょうが、長生きできている幸せに気づけていないのはざんねんです。

他に、大伴旅人が大宰府から先に帰京してしまうと、「あなた様のお慈悲で、春になったら僕も奈良に呼び寄せて」というお願いの歌（八八二）を贈っています。こういうところはちゃっかりさん！

佐賀県唐津市の鏡山にある憶良の歌碑「遠つ人松浦《まつら》佐用姫《さよひめ》夫恋《つまごひ》に領巾《ひれ》振りしより負へる山の名」（八七一）

おお、冥途《めいど》の使いよ。その子を連れていくのか。

やむを得まい。彼の寿命は、もう残っていないのだから。

ただ、一つお願いがある。

このお金をもらってくれないだろうか？　この子はまだ幼い。きっと冥途への行き方も知らないだろう。

それに、地獄の沙汰もカネ次第、って言うだろう？

じじいのへそくりだから、金額も少ない。でも、何かの助けにはなると思うんだ。

もらってくれるか、ありがとう。どうかこの子を極楽浄土へ、天国へ連れていってくれ。

頼みましたぞ。

若ければ
道行き知らじ
賂はせむ
したへの使ひ
負ひて通らせ

一万円あげるから
この子を天国へ

九〇五

山上憶良（?）

和歌

若けれぱ　道行《ゆ》き知らじ　賂《まひ》はせむ　したへの使ひ　負《お》ひて通《とほ》らせ

原文

若可家礼婆　道行之良士　末比波世武　之多敝乃使　於比弖登保良世

現代訳

幼いので　冥界への道へ行けないだろう
賄賂《わいろ》をやろう　冥途の使いよ
この子を背負ってお通りください

用語

賂：まいない。賄賂。

したへ：死後に赴く地下の世界。冥途。

通らせ：「通らす」（「通る」の敬語形）の命令形。

あの世の沙汰もカネ次第

ちょいとばかし握らせりゃいいんです

解説

この歌は「古日《ふるひ》」という男の子が亡くなり、その子を慕って詠んだ歌三首の中の一首です。幼くして死んでしまった古日くん。まだ若い古日くんが、死後の道に迷うであろうことを心配した親の立場になって詠まれています。「賄賂を贈るから、あの世まで背負って連れていってほしい」と。

古日くんは生前、とっても甘えん坊さんだったようです。一日中、一緒に遊び、夜も「パパ、ママ、そばを離れないでね　真ん中でボクは寝るよ」と言うような子でした。そんな古日くんが突然病気になり、両親は祈り続けましたが、いっこうに良くならずに亡くなりました。両親は地団駄を踏み、地に伏し、天を仰いで嘆き悲しみました。

親の気持ちになれば、「せめて迷わずあの世に行けるように」と、そう思うのもよくわかりますが、冷静に考えれば、冥界までが賄賂にまみれている世界だというなら、それはざんねんなことですね。

ちなみに、実際は作者未詳なのですが、作風から「山上憶良ではないか」と考えられている歌です。

士やも空しくあるべき
万代に語り継ぐべき
何も成し遂げずに
俺は死ぬのか
名は立てずして

九七八　　山上憶良

和歌

士《をのこ》やも　空《むな》しくあるべき　万代《よろづよ》に　語り継ぐべき　名は立てずして

原文

士也母　空応レ有　万代尓　語続可　名者不レ立之而

現代訳

男子たるもの　むなしく
朽ち果ててよいものか
いつまでも
語り継ぐほどの
名声を立てないで

解説

この歌は、山上憶良が、病気が重くなったときに詠んだ歌です。藤《ふじ》原《わらの》朝臣《あそん》八束《やつか》(=藤原房前《ふささき》の子。当時十八歳)が、おそらく父・房前の命令により憶良のもとへ使者を遣わせ、容態を尋ねさせました。憶良が返事をし、しばらくたってから、涙をふいて悲嘆してこの歌を口ずさんだ、とのことです。「名を立てるように努力してきたけど、効果がなかった。男子たるもの、名前も残さずこのまま死んでる場合じゃないけど、もうどうしようもない」と嘆いているのです。

……えーっとですね、憶良さん、「男子たるもの」であるならば、そんな弱気なことを他人に泣きながら聞かせないほうがよいかと。こんなことを聞かされたほうは、どう言えばいいか言葉に困りそうです。

他にも、憶良が重病になったときに書いた「沈痾自哀文《ちんあじあいぶん》」という、とてつもなく長い文も『万葉集』に載っています。ひたすら嘆きを書き連ねており、「最強の不幸が、すべて自分に集まっている」とも。超ネガティブでざんねんです。良くなる病気も良くならなそう……。

用語

やも：《上代語》反語を表す。

常磐なす　かくしもがもと
思へども　世の事なれば
留みかねつも

年を取りたくないよぉー

八〇五　　山上憶良

和歌

常磐《ときは》なす　かくしもがもと　思へども　世の事なれば　留《と》みかねつも

原文

等伎波奈周
迦久斯母何母等
意母閇騰母
余能許等奈礼婆
等登尾可祢都母

現代訳

永久不変の
堅固な岩石のように
このようにいたいと思うが
世の常であるので
留めることができないよ

解説

四句目の「世の事」は、ここでは「人間は老いて死んでいく」ということです。憶良さん、重病であんなにネガティブなのに、「生」への執着はあったようですね。この歌は、八〇四の歌の反歌（＝長歌の後に添えている短歌）です。その長歌を現代風に訳すとこんな感じ。

「この世でどうしようもないものは、年月の流れだ。若い娘たちは、女子力アップに専念して、外国ブランドのアクセサリーを身に着けたり、パリピ仲間と遊んだりしているだろうけど、若さで勝負できる時期は気がつけばあっという間に過ぎ去り、ツヤツヤの黒髪がいつしか白髪に、顔にも皺が忍び寄り、眉も貧相になる。若い男も、流行のファッションに身を包み、全力でオールしていても、それがいつまで続くかな。付き合えた彼女もたいしていないのに、気づけば杖をついて、腰痛にもなり、人に嫌な顔をされる。老人とはこんなものなのだ。命は惜しいけどどうしようもない」

用語

かく：このように。　**し**：サ行変格活用動詞「す」の連用形。　**もがも**：願望の終助詞。　**なれば**：断定の助動詞「なり」の已然形。「已然形＋ば」＝順接確定条件。　**V＋かぬ**：Vできない。「かね」は「かぬ」の連用形。　**つ**：完了の助動詞。　**も**：詠嘆の終助詞。

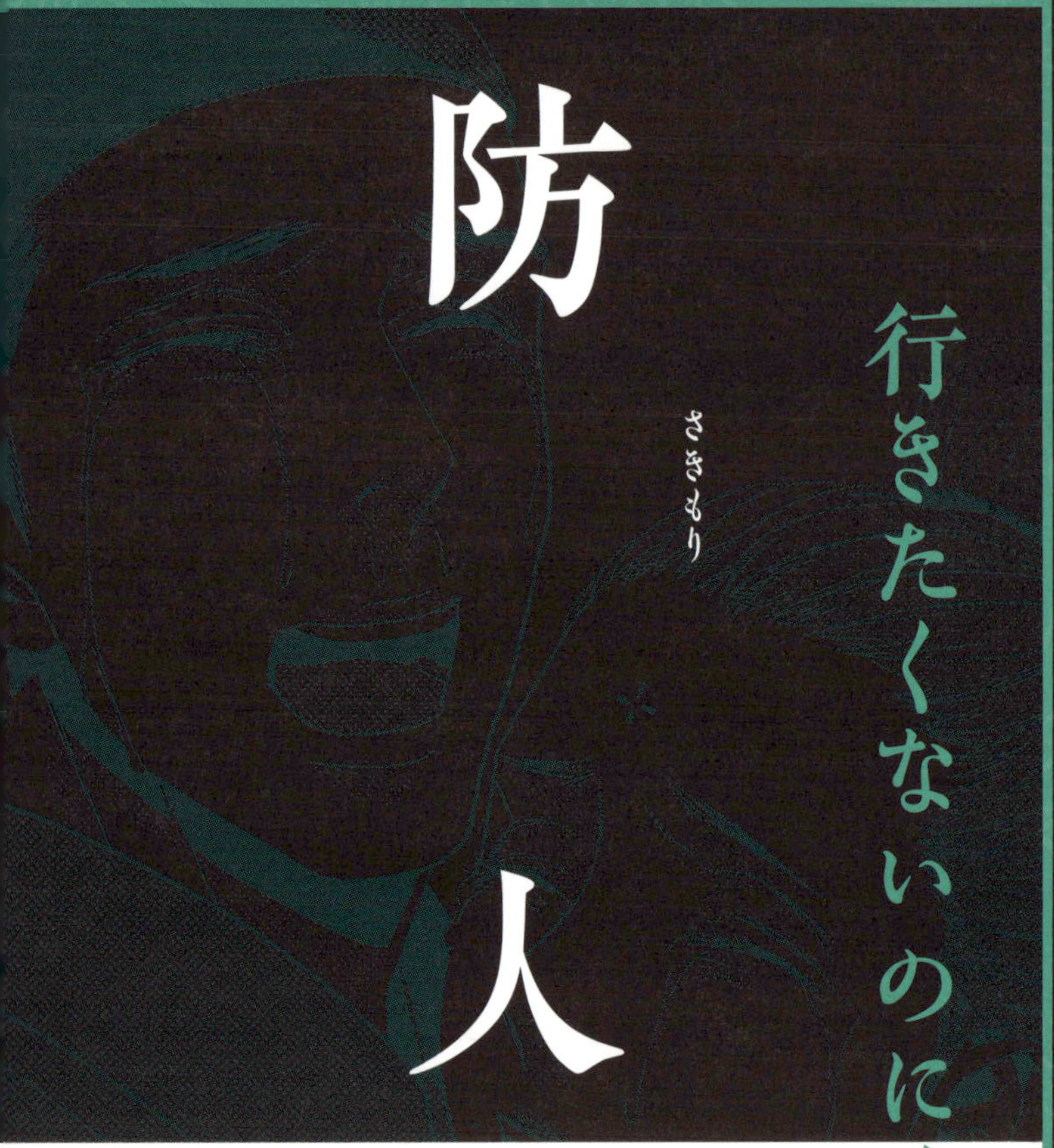

防人《さきもり》

行きたくないのに強制徴用

「防人」とは、沿岸警備兵のこと。六六三年、白村江の海戦で唐と新羅の連合軍に大敗した日本は、唐の侵攻に備えて北九州の防衛を決め、沿岸に防人を配置した。

ただし、この防人、現地人ではない。最初の頃は西国の人もいたようだが、おもに東国（東海・甲信地方以東の地）の一般農民の中から無作為に集められた。

指名された人は、自分で武器や道中の食糧を調達しなければならなかった。東国から難波津までの旅費も自腹。難波津からは官船で大宰府へ。そこから北九州・壱岐・対馬へ配置された。

「防人」に選ばれた人たちが気の毒でなりません。言いたいこと、きっといっぱいあったでしょうね。「は？　全国から集めてるならまだわかるけど、東国だけ!?　しかも、難波津ってとこまで自腹で歩いて来いとか、ふざけてんの？　マジ勘弁」なんて言えて、拒否できたなら、どれだけスッキリしたでしょう。当時、そんなことが言えるわけもなく、涙ながらに飲み込むことしかできなかったはずです。

もちろん、現代でも（空気を読み過ぎると）、断れない辞令とかもあるかもしれません。それでも、こんな無茶苦茶なことを「強制」はされないですよね。それに、本気で嫌ならば、「辞める」という逃げ道があることもどうか忘れないでほしいです。ですが、当時、そんな逃げ道すらなかったのであろう彼らの苦悩は本当に計り知れません。

そんな彼らの検校をしていた大伴家持（一二六ページ）。防人たちに歌を提出するように命じました。一六六首の歌が提出され、そのうちの八十四首を『万葉集』巻二十に収録しました。では残りの八十二首は？「下手クソだから載せねーよ」だそうです。ざんねん！

熊本県山鹿市の歴史公園鞠智城にある防人たちの像

布多富我美
布多富我美は
悪しけ人なり
イヤな人でーす
あたゆまひ
我がする時に
防人に差す

みなさーん！　今日は一つだけ、覚えて帰ってくださーい。

布多富我美はイヤな人でーす！

え？　何を根拠にそんなことを言うのかって？　よくぞ聞いてくれました！

私、今風邪をひいています。今朝熱を測ったら、三十八度五分ありました。

にもかかわらず！　ですよ。布多富我美は、私を防人に駆り出すと言うんですよ。

病人と老人には優しくしなさいって、先生に習わなかったみたいですね。愚かな男です。

大事なことだから、何度も言いますね。布多富我美はイヤな人でーす！　布多富我美はイヤ

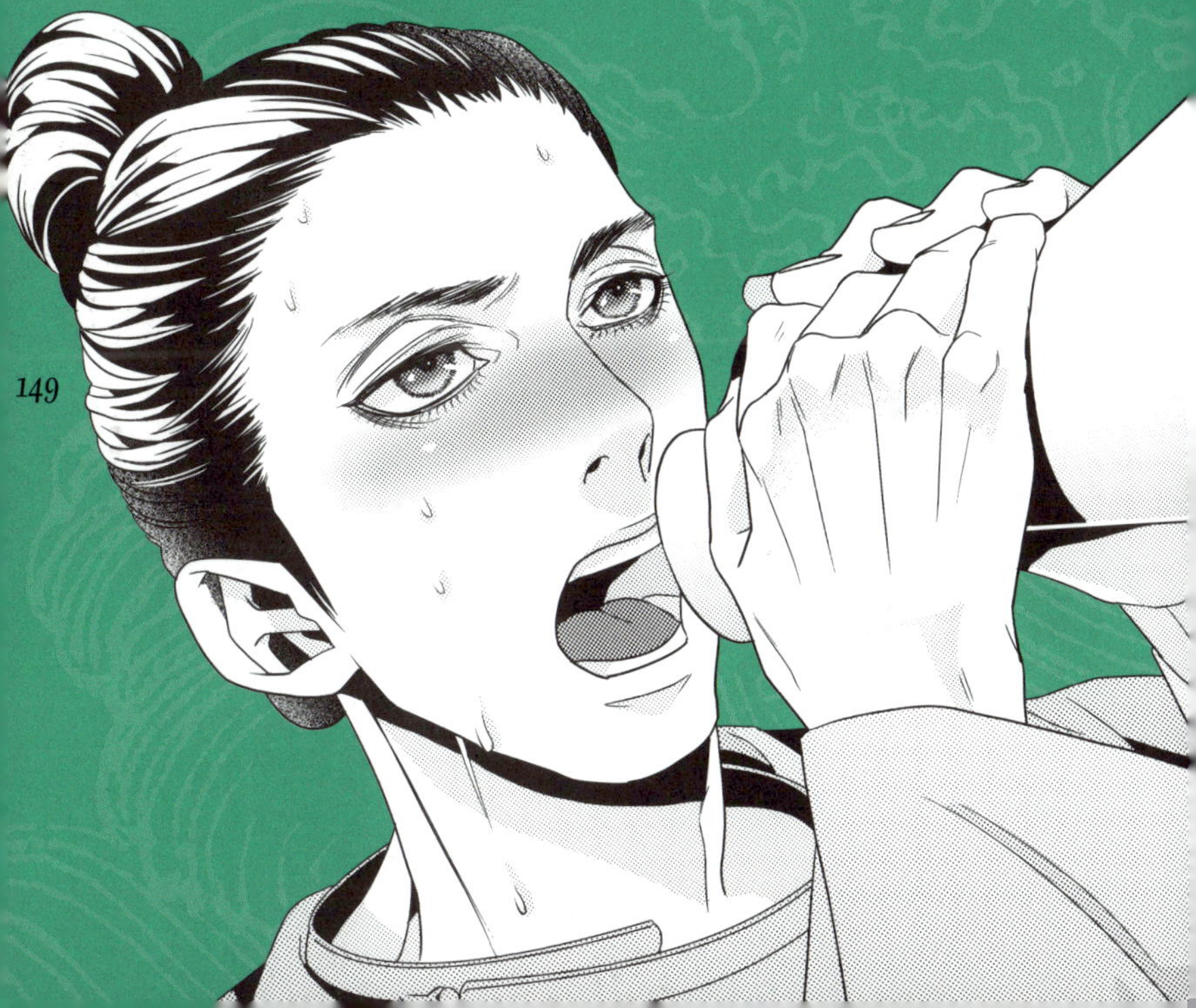

四三八二

大伴部広成《おおともべのひろなり》

和歌

布多富我美《ふたほがみ》　悪《あ》しけ人なり
あたゆまひ
我《わ》がする時に
防人《さきもり》に差《さ》す

原文

布多富我美　阿志気比等奈里
阿多由麻比
和我須流等伎尓
佐伎母里尓佐須

現代訳

布多富我美《ふたほがみ》は　イヤな人である
急病に　私がなっている時に　防人に指名するなんて

用語

なり：断定の助動詞。
あたゆまひ：急病の意味と考えられている。

なんで俺やねん

いや、マジで…よりによって…

解説

詠み手の大伴部広成は、伝未詳ですが、那須《なす》郡（＝現在の栃木県那須および大田原《おおたわら》市の地）の上丁《じょうてい》（＝一般兵士の称・「かみつよぼろ」とも）であることはたしかです。初句の「布多富我美《ふたほがみ》」も未詳なのですが、「布多」が下野国《しもつけのくに》国府の所在地、「富我美」が長官の意味で、「下野国守」ではないか、とも考えられています。防人の任命は、国司の任務でしたので、その可能性はあると思われます。

防人は、一四六ページで見たように、一般農民などの中から無作為に選ばれていましたが、この広成さん、急病で臥せっていたようです。布多富我美は、よりによって、その広成さんを指名しました。上の見出し、思わず関西弁にしてしまいましたが、広成さん、絶対（那須の方言で）そう思ったでしょうね。そんな状態で、那須から大宰府までの長い道のりを経て、兵役につくなんて無謀この上ないです。そもそも大宰府まで無事に着けるかすら危ういのでは……。

何かに指名される側の人間もドキドキですが、任命する側も、恨まれたりする可能性もあるでしょうし、辛い役割でもありますね。

大君の命恐み出で来れば
俺は行かなきゃならないんだ
我取り付きて言ひし児なはも

四三五八　物部竜《もののべのたつ》

和歌

大《おほ》君《きみ》の
命《みこと》恐《かしこ》み
出《い》で来《く》れば
我《わぬ》取り付きて
言ひし児《こ》なはも

原文

於保伎美乃
美許等加志古美
伊弖久礼婆
和努等里都伎弖
伊比之古奈波毛

現代訳

大君の
仰せが恐れ多いので
出てきたところ
俺にしがみついて
泣きついたあの娘《こ》よ

解説

詠み手の物部竜《もののべのたつ》は、やはり伝未詳ですが、周淮群《すゑのこほり》（＝現在の千葉県君津《きみつ》市の一帯）の上丁《じょうてい》です。防人に任命されたなら、行くしかありません。指名は国司がしますが、もとをただせば、天皇の命令です。辞退などできるわけがないのです。物部竜には恋人がいました。防人の兵役期間、少なくとも三年間（おそらくそれ以上）は逢えなくなるのです。出発のときに彼女がしがみついてきました。結句（五句）の「言ふ（言ひ）」は、「私も一緒に連れて行って！」や「いやっ！行かないで……」などといった泣き言。ですが、愛しい彼女を振り切って行くしかないのです。本当にざんねんだったでしょうね。

ちなみに、四句目の「我」の読み「わぬ」は、誤植ではなく、「われ」の東国語（方言）と考えられています。同じく、結句の「児な」も、「児ら」の訛《なま》りという説があります。当時の方言まで味わえる『万葉集』。ざんねんではなく、素晴らしいですね（ここにきてタイトル崩壊）。

用語

恐み：形容詞「恐し」の語幹＋理由を表す接尾語「み」。「**言ひし**」の「**し**」：過去の助動詞「き」の連体形。
文末の「はも」：《上代語》感動・詠嘆の意味を表す。

我がつまはいたく恋ひらし
飲む水に影さへ見えてよに忘られず
ん？
妻が俺を想い慕っているようだ

四三二二　若倭部身麻呂《わかやまとべのみまろ》

和歌

我《わ》が妻は
いたく恋《こ》ひらし
飲む水《みづ》に
影《かご》さへ見えて
よに忘られず

原文

和我都麻波
伊多久古非良之
乃牟美豆尓
加其佐倍美曳弖
余尓和須良礼受

現代訳

俺の妻は　とても
恋い慕っているらしい
飲む水に　姿まで見えて
まったく忘れられない

解説

詠み手の若倭部身麻呂は、防人集団の中で主に庶務・会計係をしていた麁玉郡《あらたまのこおり》（＝遠江《とおとうみ》国の旧郡名。現在の静岡県浜北市および浜松市の北部一帯）の人ですが、ご多分に漏れず伝未詳です。四句目の「かご（影）」は「かげ」の遠江の方言。

身麻呂が水を飲もうとしたところ、その水面に妻の顔が映りました。それを見ながら、「フッ、あいつ、オレのことが恋しくてたまらないようだな。ったく、しょーがねーなぁ」と思って詠んだ歌です。

「ん？　ちょっと待った。それって、奥様が身麻呂のことを恋しいというよりは、身麻呂が奥様を恋い慕っているんじゃ？」と思ってしまいますよね。ですが、身麻呂は、別に負けず嫌いなわけではないのです。当時は、水鏡に誰かの顔が映ると、その相手が自分のことを想っている証だと考えられていました。現代の感覚だと、「いやいや、自分が思い浮かべているだけでしょう、勘弁してくれ」状態ですが、そんな都合のよいざんねんな解釈が、当時は普通だったのですね。

用語

いたく：とても・ひどく。　**さへ**：添加（までも）の副助詞。　**よに〜打消**：まったく〜ない。

家風は　日に日に吹けど
我妹子が　家言持ちて
来る人もなし

妻が手紙を
よこさないのはなぜだ

四三五三　丸子連大歳《まろこのむらじおおとし》

和歌

家《いへ》風《かぜ》は　日に日に吹けど　我妹子《わぎもこ》が　家《いへ》言《ごと》持ちて　来る人もなし

原文

伊倍加是波
比尓々々布気等
和伎母古賀
伊倍其登母遅弖
久流比等母奈之

現代訳

家のほうから吹いてくる
風は　毎日吹くが
愛する妻の
家からの手紙を持って
来る人もいない

解説

詠み手は――、「どうせ、伝未詳なんでしょ？」……はい、その通りです（朝夷郡《あさひなのこほり》〔＝安房《あわ》国の旧郡名。現在の千葉県南房総市千倉《ちくら》町の一帯〕の上丁ということはわかっていますが）。

妻がいる防人たちにとって、愛しい妻を残して出発するのは、本当に心残りで心配だったことでしょう。異国から敵が攻めてくるかもしれない恐怖や、厳しい境遇の中で、家族や恋人からの手紙は、何物にも代えられない心の支えとなり、また、癒しだったはずです。

だが、しかし！　大歳さんの妻からはいっこうに手紙が来ないのです。これは私の妄想ですが、任地で空を見上げながら、「あっちが朝夷のある方向かな」と妻や故郷に思いを馳せ、その方角から風が吹いてくれば、妻に触れてきたであろう風に、遠く離れた妻を感じていたのでは。風は毎日吹いてくるのに、肝心な妻からの手紙が全然来ず、それを嘆いて詠んだ歌です。周りには妻や家族から手紙が届いている人もいるでしょうし、なおさら悲しくてざんねんだったでしょうね。

用語

我妹子：男性から妻・恋人などの親しい女性をいう語。

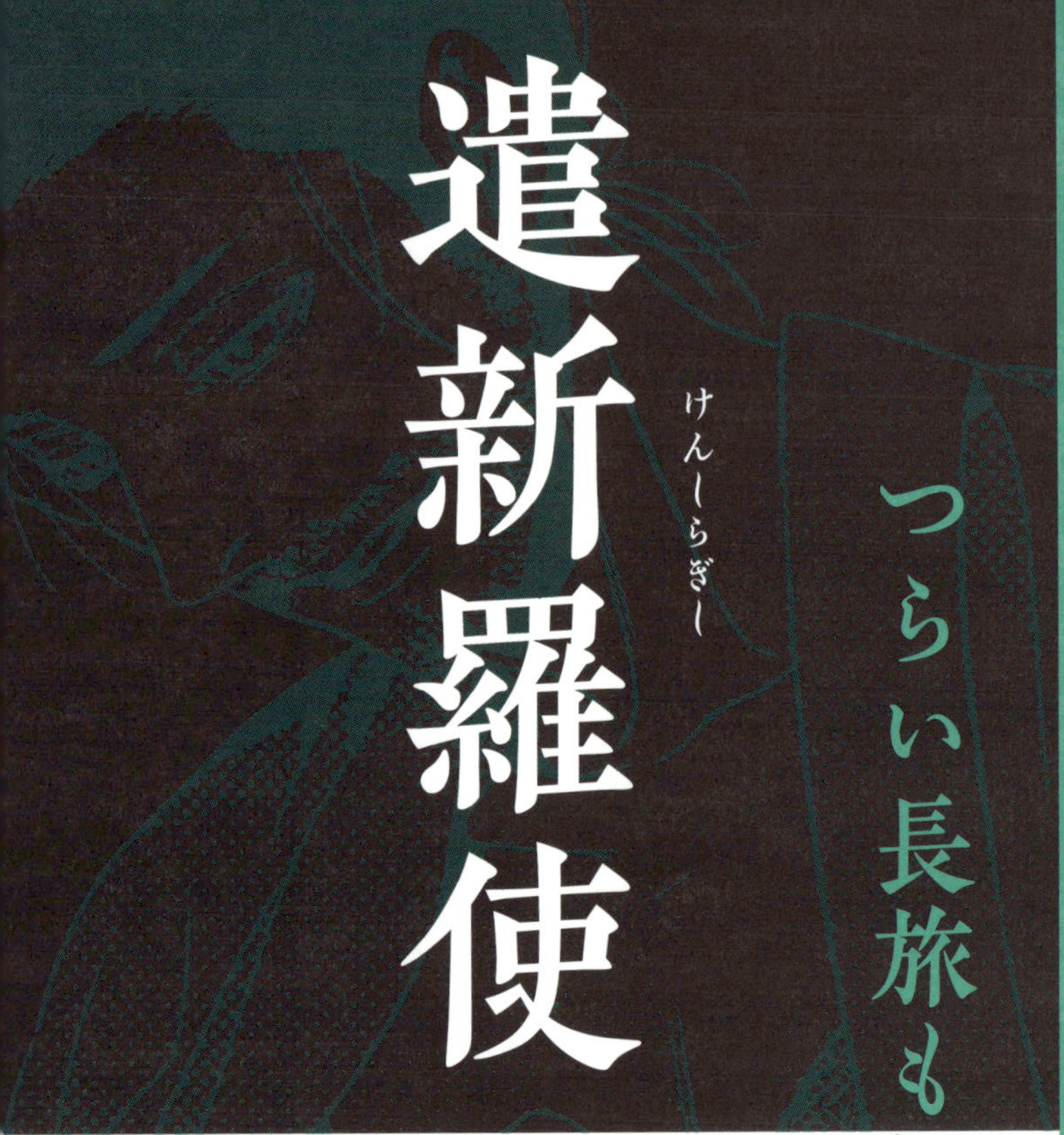

遣新羅使《けんしらぎし》

つらい長旅も報われず

「遣唐使」はとても有名だが、「遣新羅使」は、その陰に隠れてしまっている。日本は唐だけではなく、新羅にも使節を送っていた。六世紀末頃から八世紀末頃（九世紀説もあり）まで続けられ、中国大陸や朝鮮半島の文物が移入された。

新羅は、朝鮮の中で一番日本に近い場所にあり、お互いに侵略を恐れ、危機感を持ちながら交流していた。そこへ新羅が唐と連合し、日本と親交が深い百済を滅ぼして、さらに関係が悪化。白村江の戦（一四六ページ）で一時断交したが、のちに国交回復。このように、両国の関係性は不安定であった。

『万葉集』巻十五に収録されているのは、七三六年二月に、阿倍朝臣《あべのあそん》継麻呂《つぐまろ》が遣新羅大使として任命され、六月に難波から出発した一行の歌です。途中、周防国佐婆《すおうのくにさば》の沿岸で逆風に遭遇し、豊前国《ぶぜんのくに》に漂着。筑前《ちくぜん》・肥前《ひぜん》で悪天候のために出航が遅れ、ようやく壱岐《いき》島に着きましたが、病で死者もでてきました。対馬《つしま》でも長い期間、風待ちで出航できず、やっとのことで新羅に到着するも、交渉はうまくいかず無礼な扱いを受けることに。

そんなブルーな帰り道に、大使の継麻呂が天然痘にかかり、対馬で客死してしまうのです（『万葉集』には記載なし）！　さらに多くの犠牲者を出し、ようやく帰京。その後、おそらく彼らが持ち帰ってしまったのであろう天然痘が、都で流行することに（その疫病が原因で、政権を握っていた藤原四兄弟も亡くなり、都は大混乱に）。

そんな踏んだり蹴ったりの一行ですが、収録されているのは、なぜか帰り道の途中、播磨国家島《はりまのくにいえしま》まで。無事帰京や家族との再会を喜ぶ歌などもないため、より悲惨な印象が強いのでしょう。

当時の船の模型（写真は奈良県奈良市の平城宮跡歴史公園にある遣唐使船）

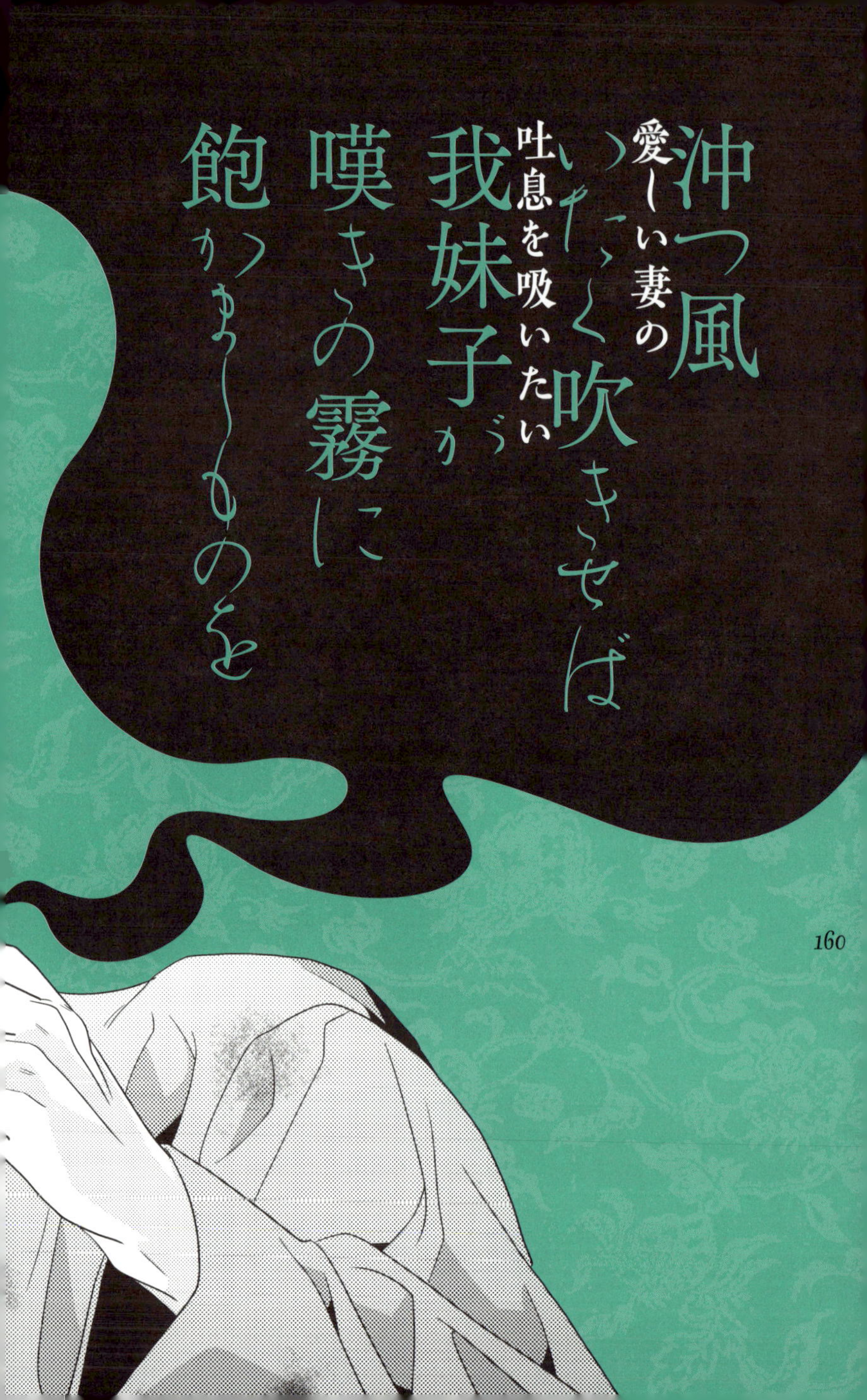
沖つ風
愛しい妻の
いたく吹きせば
吐息を吸いたい
我妹子が
嘆きの霧に
飽かましものを

妻、元気かなぁ。会いたいなぁー……。ちゅーしたいよ。ぎゅーしてほしいよー。

しかし、ここは船の上。遠き新羅国への旅の途上。海が荒れぬとよいが……。

俺がこんな任務を受けて、気落ちしてるよなぁ。ため息ついてるよなぁ。

ちょ、待てよ。強い風が沖から吹いたら、妻のため息もここまで運んでくれるんじゃね？

やばい、大発見！

風よ吹け吹けー。妻の吐息を、ここまで連れてきておくれ。

ああー。いい匂いだよー。妻、好き。妻、愛してる。俺、生きて帰るからね。フウー。

三六一六

作者未詳（男）

和歌

沖つ風　いたく吹きせば　我《わ》妹《ぎも》子《こ》が　嘆きの霧に　飽《あ》かましものを

原文

於伎都加是　伊多久布伎勢婆　和伎毛故我　奈気伎能奇里尓　安可麻之母能乎

現代訳

沖の風が　はなはだしく吹いたならば
愛しい妻の　嘆きの霧に
満足するまで身を包んでもらえるのになあ

用語

つ：《上代語》連体修飾語（〜の）をつくる。

いたく：はなはだしく。

せば：過去の助動詞「き」の未然形＋接続助詞「ば」。

（せば〜）まし：反実仮想の助動詞「まし」の連体形。

文末の「ものを」：「〜のになあ」。

キモ発言すら感動的

夫婦って素晴らしいなぁ…

解説

風速《かざはや》の浦《うら》（＝現在の広島県東広島市安芸津《あきつ》町の西部あたりの海岸）で停泊している夜に作った歌二首のうちの一首です。当初は「三か月で帰る」という約束のはずが、逆風や天候などの悪条件でなかなか進みません。家で帰りを待っている妻がどれだけ嘆いているだろう、と、夫たちは気が気ではなかったことでしょう。

四句目の「嘆きの霧」というのは、当時、激しい嘆きの息は霧となって渡っていくと信じられており、「嘆きの息が化した霧」のこと。

この夜、風速の浦には海霧が発生していたようです。よって、この詠み手は、自分の妻が嘆いているのだと確信しました。そして、沖の方から風がものすごく吹いてくれたら、その霧がもっとたくさん自分に降りかかるのにな＝満足するまで身を包まれたい、妻の嘆いた息を存分に吸い込みたい、と詠んでいます。

これ、夫婦ですから心を打つ和歌ですけど、付き合ってもいない人にそんなこと思われたなら、ゾッとしますね。「君の嘆いた吐息をいっぱい吸い込みちゃいたいな」ですよ？「キモっ」で終了です。

玉の浦の沖つ白玉拾つれど
またそ置きつる
見る人をなみ
見せる人がいない
きれいな真珠

三六二八　作者未詳（男）

和歌
原文

多麻能宇良能《玉の浦の》
於伎都之良多麻《沖つ白玉》
比利敝礼杼《拾へれど》
麻多曾於伎都流《またそ置きつる》
見流比等乎奈美《見る人をなみ》

現代訳

玉の浦の　海底の真珠を
拾ったが
また戻して置いた
見るべき人がいないので

解説

詠み手は、海底の真珠を拾ったようです。ですが、今ここに、この真珠を見せるべき妻がいないから、持っていても仕方がないな、と考え、また戻して置いた、と詠んでいます。

妻は「えーっ！　もったいない」……なんて言うような、物欲あふれる女性ではない気がします。「お土産にしようって考えなかったのかなぁ」と思う人もいるかもしれませんが、この詠み手は「無事に帰れないかもしれない」と、心のどこかで覚悟していたのでは。

船も現代のような立派なものではなく、ここまで来るのも、予定は大幅に遅れています。この先、大海に出てから、どんな目に遭うかも予測不能です。それらを踏まえてソッと元に戻して置いたとしたら、とても切ないですね。

実際、途中で病死者も出ました。新羅は使者の旨を受け付けず、帰国途中に大使までもが病死するという大変な船旅でした。

用語

玉の浦：現在の岡山県倉敷市玉島の海岸と考えられている（他の説もあり）。　**沖**：ここでは「海底」の意味。
白玉：真珠。　**「拾へれ」の「れ」**：完了の助動詞「り」の已然形。　**そ**：強意の係助詞。　**つる**：完了の助動詞「つ」の連体形。　**なみ**：形容詞「なし」の語幹＋理由を表す接尾語「み」。

そんな目で見ないでくれ。確かに俺は、ブラジャーを着けて、パンティを履いている。

まぁきみの目には、俺は変質者として映っているのだろう。

違う。俺はただの愛妻家だ。

「これ、私だと思って、身に着けておいてね」

妻はそう言って、ブラジャーとパンティをくれたんだ。どんな思いで、俺にこの下着を託したか、お前にわかるか？

……しかし、だいぶ汚れてしまった。旅も長くなったなぁ。

どんなにボロボロになっても、俺はこの下着を脱がないぜ。俺は常に妻を感じていたい。

死ぬ時は一緒だ。

我が旅は
妻の下着も汚れてきた
久しくあらし
旅も長くなったなぁ
この我が着る
妹が衣の
垢付く見れば

三六六七

作者未詳（男）

和歌

我《わ》が旅は　久しくあらし　この我《あ》が着《け》る　妹《いも》が衣《ころも》の　垢《あか》付く見れば

原文

和我多妣波　比左思久安良思
許能安我家流
伊毛我許呂母能
阿可都久見礼婆

現代訳

私の旅は　長くなったらしい　この私が着ている
妻の下着が　垢で汚れたのを見ると

用語

あらし：「あるらし」の略。

着《け》る：カ行上一段活用動詞「着《き》る」の連用形「着《き》」に、状態・存続を表す「あり」がついた「着《け》り」の連体形。

下着を替えない男

しかし…それは愛ゆえになのです

解説

最後に変質者のようなものをすみません。イラストはもちろんデフォルメです（雪路先生、こんな注文をご快諾くださりありがとうございました）。現代の女性の下着を、男性が身に着けると、こういう変態チックになりますよね。ですが、当時の下着は、男女の区別はほとんどなく、同じような肌着を身に着けていたと考えられます。このように、離れ離れになるときに、男女が再会する日まで、お互いに肌着を交換して着用したり、持ち続けたりしていました。

この詠み手も、新羅へ出発する際、妻と下着を交換して着用しました。天候などで予定が大幅に遅れ、思わぬ長旅になったので、その下着がだいぶ汚れて垢もついたようです（もともと3か月の予定なので、予定通りでもかなり汚いはず）。衛生的にも、ざんねんなことになっていますよね。それでも着替えないのです。

離れていても妻をそばに感じられますし、お守りのようなものだったのでは。無事に帰国できていたならよいですね。とっくに着替えた妻に「くっさ！」と言われなかったことをお祈り申し上げます。

おわりに

いかがでしたでしょうか？　あまりにざんねん過ぎて、**軽いショック**を受けた方もいらっしゃるかもしれません。

でも、安心してください。

万葉集には、美しくて素敵な和歌もたくさん収録されています。

最初は**怖いもの見たさ**で本書をご覧になったかもしれませんが、これを入口に、万葉集や日本文化に関心を持っていただければ嬉しいです。

なお、二ページでもお伝えしておりますが、本書では万葉集の和歌を**かなり好き勝手に紹介**しています。

かなりのデフォルメを加えたり、私の妄想や思いつきで話を広げたり、イラストで性別をあえて逆転させたり、超現代訳も今風に脚色したり……。

（もちろん、該当箇所では解説にその旨を記載しています）
本書をどれだけ読み込んでも、**ほぼテストに出ません**ので、
くれぐれも、試験対策には使われませんように。

最後になりましたが、
とっても素敵なイラストを描いてくださった雪路凹子先生、
豪華なデザインを作り込んでくださった辻中浩一さま、小池万友美さま、
そして、超現代訳の執筆と編集してくださった飛鳥新社の小林徹也さまに
心より感謝申し上げます。

本書に関わってくださった方々、最後までお読みくださった皆さま、
本当にありがとうございました。

岡本梨奈

岡本梨奈（おかもと りな）
リクルート運営のオンライン予備校「スタディサプリ」講師。同予備校にて古典のすべての講座を担当する、日本一生徒数の多い古文講師。「音楽教員免許」「調理師免許」「日本語教師」の資格を持つ異色の予備校教師でもある。著書に『岡本梨奈の1冊読むだけで古文の読み方&解き方が面白いほど身につく本』『大学入試問題集 岡本梨奈の古文ポラリス』（KADOKAWA）、『かなり役立つ！古文単語キャラ図鑑』『世界一楽しい！万葉集キャラ図鑑』（新星出版社）など。

雪路凹子（ゆきみち おうじ）
BLを中心に活動しているマンガ家、イラストレーター。マンガ作品に『面倒な同居人』（幻冬舎コミックス）、『背後にメガネ』（フランス書院）、『1一』（プランタン出版）、『Nightmare Catalog』（茜新社）などがあり、現在pixivコミックにて『恩田星人』を連載中。BL作品を中心に、装画、挿絵を多数手がける。

参考文献
『新編 日本古典文学全集6 萬葉集①』
『新編 日本古典文学全集7 萬葉集②』
『新編 日本古典文学全集8 萬葉集③』
『新編 日本古典文学全集9 萬葉集④』
（すべて小学館）

ざんねんな万葉集

2019年12月21日　第1刷発行

著　者　岡本梨奈
イラスト　雪路凹子
発行者　土井尚道
発行所　株式会社 飛鳥新社
〒101-0003東京都千代田区一ツ橋2-4-3 光文恒産ビル
電話（営業）03-3263-7770（編集）03-3263-7773
http://www.asukashinsha.co.jp

ブックデザイン／
アートディレクション　辻中浩一＋小池万友美（ウフ）
著者写真　田中達晃＋石川咲希（Pash）
印刷・製本　中央精版印刷株式会社

落丁・乱丁の場合は送料当方負担でお取り替えいたします。
小社営業部宛にお送りください。

ISBN978-4-86410-736-5

編集担当 小林徹也